四部要籍選刊・經部　蔣鵬翔　主編

阮刻周禮注疏　七

〔清〕阮元　校刻

浙江大學出版社

本册目録

卷三十

卷三十一

夏官司馬下

卷三十二

卷三十三

附釋音周禮注疏卷第三十

鄭氏注　賈公彥疏

小司馬之職掌此下字脫滅札爛文闕漢興求之不得遂無識其數者〔疏〕注此下至數者。釋曰鄭知脫滅札爛又闕者見天官小宰地官小司徒春官小宗伯之等職掌下其文多矣凡小祭祀之言皆是於下摠結以此知此下脫滅札爛又闕也言脫滅者直據職掌下一經脫滅札爛又闕者以其下經簡札爲韋編折爛闕落知漢興求之不得者此闕與冬官所亡同日皆爲遺暴秦燔滅典籍。與購求遺書不得也云遂無識其數者以其無文遂無記識職掌以下之數耳

凡小祭祀會同饗射師田喪紀掌其事如大司馬之灋〔疏〕凡小至祭祀。釋曰云小之灋已下至喪紀皆蒙此小字對大司馬大祭祀之等大司馬之小會同謂諸侯使卿大夫來聘王使卿大夫與之會同言饗射師田皆是諸侯使卿大夫來聘王還使卿大夫與饗燕及射師田之等也小喪紀者三夫人已下云掌事如大司馬之法亦如大司馬羞魚牲

授其祭之等也

軍司馬 闕

輿司馬 闕

行司馬 闕 疏 軍司馬輿司馬行司馬。釋曰軍司馬當宰夫肆師之等皆下大夫四人輿司馬當中士十六人餘官皆無異稱此獨有之者以軍事是重故特生別名此等皆與上同闕落之

司勳掌六鄉賞地之灋以等其功 賞地賞田也在遠郊之內屬六鄉焉等猶差也以功大小爲差 疏 注賞地至爲差。釋曰知賞地是賞田在遠郊之內者以載師職云牛田賞田任遠郊之地故知也知屬六鄉者以其遠郊內置六鄉故也云以功大小爲差者以下文云輕重視功則賞地大小不定故知以功大小爲差

王功曰勳 輔成王業若周公 疏 輔成王業若周公。釋曰知據王業者以其言王繼王身而言明據王之位業而說耳以周公攝政相幼君致大平還政成王是輔成王業之事故以周

公託之但經之所云不得專爲周公伊尹之等故皆云若此擬之耳

國功曰功

保全國家若伊尹

〈疏〉注保全國家若伊尹。釋曰鄭知保全國家者也以伊尹比之者以其言湯時天下太平湯崩孫太甲即位不明政事伊尹爲數篇書以諫之諫旣不入乃放之桐宮三年思庸復歸於亳國家得全故以伊尹擬之耳

民功曰庸

法施於民若后稷

〈疏〉法施於民若后稷。釋曰知法施於民者以其言民繼民言之先王之業以農爲本以后稷比之者周之先祖棄爲堯之稷官農人植嘉穀天下爲烈豈一手一足哉庸亦功也以法施於民有功故以后稷擬之

事功曰勞

以勞定國若禹

〈疏〉注以勞定國若禹。釋曰知以勞定國者以其言勞據勤勞施國而言堯遭洪水下民昏墊國家不定命禹治之手足胼胝三過門不入弼成五服國乃獲安故以禹擬之也

治功曰力

制法成治若咎繇。治直吏反注同咎音羔繇音遙

〈疏〉注制法成治若咎繇。釋曰以其言治言力故知制法成治出其謀力按虞書帝謂咎繇云蠻夷猾夏寇賊姦宄汝作士五刑有服是咎繇制其刑法國家治理故以咎繇擬之

戰功曰多

尅敵出奇若韓

信陳平司馬法日上多前虜〔疏〕注魁敵至前虜。釋曰知多是魁敵出奇者以其言多是於衆之中比校多少之事故知是魁敵出奇比彼爲多者也漢之二將是魁敵出奇之人故以擬之耳云司馬法曰上多前虜者彼亦是戰以功多爲上居於陳前虜獲俘囚故引以證多爲戰功者也此上六者皆對文爲義若散文則通是以春秋左氏云舍爵策動彼戰還而飲至不云舍爵策多是通也明堂位云周公爲有動勞於天下是周公德大有動兼勞者也

凡有功者銘書於王之大常祭於大烝司勳詔之銘之言名也生則書于王旌以識其人與其功也死則於烝先王祭之詔謂告其神以辭也盤庚告其卿大夫曰茲予大享于先王爾祖其從與享之是也今漢祭功臣於廟庭。識音志盤步干反與音預〔疏〕凡有至詔之。釋曰凡有功謂上六者故云凡以該之使司動詔之者以其司動知功之有無大小故也詔之謂詔司常書之又以辭使春官告神功。注銘之至廟庭。釋曰言生則書於王旌以識其人與其功也者以王建大常故云王旌必於王旌識功與人者王旌車上建之就旌上書之欲取表顯示人故也引盤庚告其卿大夫者盤庚殷王欲遷往亳殷臣民有不肯者故告之云我

不掩爾善所以者何茲予大享於先王之時爾祖其從先王
與在享祭之中兒爾見在不掩可知何不從我遷乎引漢法
欲見古者祭功臣在廟庭也必祭功臣在冬之烝祭者烝者
衆也冬時物成者衆故祭功臣按彼書注以大享爲烝嘗者
此舉冬祭物成者衆而言其嘗時亦祭之也或可
周時直於烝時祭功臣殷時烝嘗俱祭禮異故也 大功司
勳藏其貳 貳猶副也功書藏于天府 疏 注貳猶至主
又副于此者以其主賞 賞○釋曰鄭
知功書藏於天府 掌賞地之政令 政令謂 疏 注政
者天府職文也 役賦 令謂
役賦○釋曰鄭以政爲征征稅也賞地在六鄉之 凡賞無
內亦從溝洫貢天子法其民亦從鄉之徭役之法
無常者功之 疏 注無常至可豫○釋曰
常輕重眂功 大小不可豫 賞地在遠郊之內有疆
界未給者空之待有功乃隨
功大小給之故云不可豫也 凡頒賞地參之一食 鄭司
農云不以美田爲采邑玄謂賞地之稅 疏 注鄭司至於臣
參分計稅王食其一也二全入於臣 釋曰先鄭意以
參之一食者謂以下地可食三之一似下地再易家得三頃
歲種一頃食之故云不以美田爲采邑又以賞田與采邑爲

一物後鄭不從者不以美田爲采邑亦無文以言之又按載師職家邑任稍地小都任縣地大都任疆地自三百里已外爲之其賞田任在遠郊之內何得爲一物故鄭不從也後鄭云賞地之稅參分計稅王食其一也二全入於臣者采地之稅四之一與小國入天子同今賞田三之一一分入天子與次國三之一入天子同

惟加田無國正

加田既賞之又加賜以田所以厚恩也鄭司農云正謂稅也祿田亦有給公家之賦貢若今時侯國有司農少府錢穀矣獨加賞之田無正耳○正音征注同本亦作征少詩照反

【疏】惟加田無國正○釋曰言無國正無稅入天子法其民出稅入主則有之但加田未知所在或可與賞田同處以其仕田在近郊加田在遠郊可知也○注加田至正耳○釋曰知加田既賞之又加賜以田者以其文承賞田之下即云加田故知賞田之外所加賜之田可知先鄭云祿田亦有給公家之賦貢舉漢法侯國有司農少府錢穀者漢法穀入司農錢入少府故舉以爲況祿田即采地之稅及賞田之等是也加田是加恩厚又不稅入天子凡大夫士賜地有四種大夫已上有采家邑任稍地之等是也又有賞田及加田載師又有仕田及王制圭田圭田即仕田是有四種禮記王制云大夫士有田則祭無田則薦少牢。特牲是大夫有

田者是知士亦有田之法也

馬質掌質馬馬量三物一曰戎馬二曰田馬三曰駑馬皆有物賈此三馬買以給官府之使無種也鄭司農曰皆有物賈皆有物色及賈直○賈音嫁注〔疏〕馬質至物賈○釋曰云馬質者質平也主平馬力及毛色與賈直之等○注此三至賈直○釋曰云此三馬買以給官府之使無種者馬有六種此三者無種買以給官府餘三者仍有種馬齊馬道馬其齊馬道馬亦無種不買之者其種馬上善似母者其齊馬道馬雖非上善似母者亦容國家所蓄育不買之

綱惡馬鄭司農云綱讀爲以亢其讎之亢書亦或爲亢亢御也禁也禁去惡馬不畜也玄謂綱以縻索維綱狎習之○亢苦浪反又音剛下同御魚呂反本亦作禦下同去起呂反小子注去之同縻亡皮反〔疏〕注鄭司至習之○釋曰先鄭讀爲以亢其讎之亢者按僖二十八年晉子犯曰背惠食言以亢其讎是也謂禁去惡馬不畜後鄭不從者此馬質所掌皆買之無種何有惡馬禁去之類故不從也

凡受馬於有司

者書其齒毛與其賈馬死則旬之內更旬之外入馬耳以其物更其外否鄭司農云更謂償也玄謂旬之內死者償以毛色不以齒賈任之過其任也其外否者旬之外踰二十日而死不任用非用者罪○內更音庚下及注同任用音壬又而鳩反〔疏〕注鄭司至者罪○釋曰後鄭云旬內死者以齒毛與賈受之日淺養之惡也旬之外死入馬耳償以毛償以齒毛與賈受之日淺養之惡也者所受之馬謂給公家之使旬之內雖任之過其任若養之善未能致死以其日少故也若養之惡雖不重任亦能致死云旬之外死入馬耳償以毛色不以齒賈任之過其任也者以其筋力既竭雖善養之任載過多可以致死故云過其任也云其外否者旬之外踰二十日死不任用非用者罪者以其行使二十日以外馬力既竭雖齊其任養之善容得致死故不償鄭見有三等之法下復云以任齊其行以意量之以爲此解

馬及行則以任齊其行識其所載輕重及道里齊其勞逸乃復用之○復扶又反〔疏〕注識其至用之○釋曰鄭知識其所載輕重及道里以其經云馬及行明授行者所載輕重及道里須齊勞逸乃復用之不

得并其勞逸也**若有馬訟則聽之**訟謂賣買之言相負〔疏〕注訟謂至相負○釋曰知賣買之言者以馬質主買馬故知之也**禁原蠶者**原再也天文辰爲馬蠶書蠶爲龍精月直大火則浴其種是蠶與馬同氣物莫能兩大禁再蠶者爲傷馬與○直音值爲傷于僞反〔疏〕注原再至馬與○釋曰云天文辰爲馬者辰則大火房爲天駟故云辰爲馬云蠶書蠶爲龍精月值大火則浴其種者月值大火謂二月則浴其種則內宰云仲春詔后帥外內命婦始蠶於北郊是也若祭義云大昕之朝奉種浴於川然注云大昕季春朔日之朝是建辰之月又浴之者蓋蠶將生重浴之故彼下文即云桑於公桑之事是也云是蠶與馬同氣者以其俱取大火是同氣也云物莫能兩大者此莊二十二年左傳文按彼陳敬仲奔齊齊侯使敬仲爲卿敬仲其少也周史有以周易見陳侯者陳侯使筮之遇觀之否曰是謂觀國之光利用賓于王此其代陳有國乎不在此其在異國乎下云若在異國必姜姓也姜大岳之後也山岳則配天物莫能兩大陳衰此其昌乎引此者是無並大之義也云禁再蠶者爲傷馬與者二者既同氣不可兩大而禁再蠶明恐傷馬無正文故云與以疑之也

量人掌建國之灋以分國爲九州營國城郭營后宮量市朝道巷門渠造都邑亦如之建立也立國有舊法式若匠人職云分國定天下之國分也后君也言君容王與諸侯○朝直遥反下及注同國分也扶問反

疏量人至如之○釋曰云掌建國之法者以其建國當先諸侯之國爲九州假令土廣萬里中國七千七七四十九方千里者四十九其一爲畿內其餘四十八八州各得方千里者六是爲九州也至於中平遥夷狄七千中國五千夏世遥夷狄五千中國三千計皆可知故分國爲九州州各有疆界故詩云帝命式於九圍是州各有圍限也云營國城郭者即匠人云營國方九里之類也云營后宮者謂若典命注公之宮方九百步天子千二百步之類也云量市朝道巷者謂若匠人云市朝一夫經途九軌巷及門渠亦有尺數謂若門容二轍三个之等云造都邑亦如之者謂造三等采地亦有城郭宮室市朝之等故云如之但與之制度大小未必身往耳○注建立至諸侯○釋曰云立國有舊法式若匠人職云者按匠人有營國言九里夏后氏世室及左祖右社面朝後市

市一夫之等云分國定天下之國分也者以經云分國謂爲諸侯國諸侯國有五百里四百里已下言爲州謂九州有分界也云后君也知非王后之宮者以其不得先言后故以后爲君也云言君容王與諸侯者以其言分國是諸侯若云王即不容諸侯故變王云后欲容王與諸侯兩含故也**營軍之壘舍量其市朝州涂軍社之所里**軍壁曰壘鄭司農云量其市朝州涂還市朝而爲道也玄謂州一州之衆二千五百人爲師毎師一處市也朝也州也皆有道以相之軍社社主在軍者里居也○涂本又作塗還市如字劉戸串反〔疏〕營軍至所里○釋曰此爲出軍之時所營量度之事○注軍壁至居也○釋曰云軍壁曰壘者軍行之所擬停之處皆爲壘壁恐有非常故云軍壁曰壘也先鄭云量其市朝州涂還市朝而爲道也者先鄭意還市朝而爲道不釋州義故後鄭不從以一州則一師毎一師各自一處各立市朝州即師也師皆有道以相湊之若然未必環遶爲路也云軍社社主在軍者里居也者在軍不用命戮於社故將社之石主而行所居皆有步數故職在量人**邦國之地與天下之涂數皆書而藏之**書地謂方圖山川之

廣狹書涂謂支湊之〔疏〕注書地至遠近○釋曰鄭以地中
遠近○湊七豆反有平廣兼山川之等故云書地謂
方圜山川之廣狹也云書涂謂支湊之遠近者支謂
支分湊謂臻湊道塗有支分及相臻湊遠近者也凡祭
祀饗賓制其從獻脯燔之數量鄭司農云從獻者肉殽從酒也
玄謂燔從於獻酒之肉炙也數多少也量長短也○炙章夜反〔疏〕凡祭至數量○釋曰云凡者以其天地宗廟饗
食事廣故云凡以該之饗賓謂若大行人上公三饗九獻之
等饗賓獻有脯從若燕行獻賓薦脯醢是也祭禮獻以燔從
故摠之言也○注鄭司至短也○釋曰先鄭云從獻者肉殽
從酒也後鄭不從者以肉殽從酒禮所不言按特牲少牢云
主人獻尸以肝從主婦獻尸以燔從故後鄭據此以爲從獻
以燔詩云載燔載烈毛云傳火曰燔貫之加於火曰烈燔雖
不貫亦是炙肉故鄭云炙肉也云數多少也量長短也者
按儀禮脯十脡各長尺二寸是多少長短膰之數量未聞掌
喪祭奠竁之俎實竁亦有俎實謂所包遣奠士喪禮下篇曰藏苞筲於旁○竁昌絹反
筲所交反〔疏〕掌喪至俎實○釋曰諸於喪祭多據虞祭而言此
喪祭文連奠竁竁是壙內故鄭以喪祭爲大遣奠

解之是以大司馬喪祭亦爲遣奠也○注竁亦至於旁○釋曰按冢人云請度甫竁竁穿壙之名此言奠竁則奠入於壙是以云所包遣奠也引士喪禮下篇者即既夕禮是也云藏苞筲於旁者苞謂包牲取下體葦包二者也藏筲者即既夕禮云筲三黍稷麥並藏之於棺旁引之者正喪祭奠入壙之事也

凡宰祭與鬱人受斝歷而皆飲之

言宰祭者冢宰佐王祭亦容攝祭鄭司農云斝讀如嫁娶之嫁斝器名明堂位曰爵夏后氏以琖殷以斝周以爵玄謂斝讀如嘏尸之嘏宰冢宰○斝古雅反劉依司農音嫁琖側産反劉本作湔音同嘏古雅反

〔疏〕 凡宰至飲之○釋曰云凡宰祭者冢宰攝祭非一故云凡也○注言宰至冢宰○釋曰鄭云冢宰佐王祭亦容攝祭者義得兩含按大宗伯云若王不與祭祀則攝位注云王有故代行其祭事重掌者此據宗伯亦有故則冢宰攝之先鄭云斝讀如嫁娶之嫁直取音同引明堂位者證斝是器名周獻用玉爵無用斝故後鄭云斝讀如嘏尸之嘏讀從少牢尸嘏主人郊特牲云嘏者長也大也謂使主人受長大之福疏已具於鬱人職但此有歷字者謂鬱人與量人歷皆飲之也

小子掌祭祀羞羊肆羊殺肉豆鄭司農云羞進也羊肆體薦全烝也羊殺體解節折也肉豆者切肉也玄謂肆讀爲鬄羊鬄者所謂豚解也○肆依注音鬄他歷反又音餘四反折之舌反

疏注鄭司至解也○釋曰先鄭云羊肆體薦全烝也者既不爲豚解則先鄭讀爲肆陳之肆又爲賜音也先鄭爲體薦全烝後鄭不從者以此經祭用羊是用大牢爲宗廟之祭非祭天按外傳云禘郊之事則有全烝王公立飫則有房俎是以知宗廟之祭不得全烝也是故禮運云腥其俎孰其殺注云腥其俎豚解而腥之孰其殺體解而爛之又云退而合亨體其犬豕牛羊是祭宗廟不得有全烝也是以後鄭讀肆從鬄羊鬄者所謂豚解也所謂者所謂士虞禮記云主人不視豚解豚解之法則士喪禮特豚四鬄去蹄謂四段○解之殊肩髀如解豚故名豚解若然大夫士祭自饋孰始故○正祭即體解爲二十一體喪事略則有豚解其天子諸侯之祭有腥有爛有孰故初朝踐有豚解解而腥之饋獻則有體解而爛之酳尸乃有孰與大夫士不同也

而掌珥于社稷祈于五祀故書祀作禩鄭司農云禩讀爲祀書亦或爲祀珥社稷以牲頭祭也玄謂珥讀爲衈祈或爲刉刉衈者釁禮之事也用毛牲曰刉羽牲曰

衈衈刉社稷五祀謂始成其宫兆時也春官肆師職祈或作幾秋官士師稷曰凡刉衈則奉犬牲此刉衈正字與○珥依注音衈而志反後同一音仍祈音畿禩音祀刉音機字書云劃也一曰斷也或古愛反又公內反與音餘疏注故書至字與○釋曰先鄭云珥以牲頭祭漢時祈禱有牲頭祭後鄭不從者按禮記雜記釁廟之禮云門夾室用雞其衈皆於屋下衈既爲釁禮此刉與衈連文則刉亦是釁禮非祭祀之法何得爲牲頭祭乎是以後鄭爲釁法解之玄謂珥讀爲衈祈或爲刉者以釁法無取於玉珥及祈禱之義故依士師刉衈爲正也鄭知刉衈爲釁禮之事約雜記而知也云用毛牲曰刉羽牲曰衈者此相對而言雜記廟用羊門用雞皆云衈散文通也知刉衈是社稷五祀始成其宫兆時也者凡物須釁者皆謂始成時是以雜記云廟成則釁之是也云春官肆師職祈或作幾者鄭欲見字有參差非一之義云秋官士師職曰凡刉衈則奉犬牲此刉衈正字與者刉從刀衈從血於義合故以此爲正字也

凡沈辜侯禳飾其牲鄭司農云沈謂祭川爾雅曰祭川曰浮沈辜謂磔牲以祭也月令曰九門磔禳以畢春氣侯禳者候四時惡氣禳去之也○侯禳如羊反磔陟格反疏注鄭司至之也○釋曰先鄭云沈謂祭川是以引爾

雅爲證按爾雅曰祭山曰庪縣祭川曰浮沈此浮沈之祭當祭天之煙祭社之血亦謂鼓神節先鄭引月令季春令者證辜是辜磔牲體之義鄭彼注九門者王之五門外有國門近郊門遠郊門關門爲九云侯禳者謂候四時惡氣禳除去之也

釁邦器及軍器　邦器謂禮樂之器及祭器之屬雜記曰凡宗廟之器其名者成則釁之以豭豚○豭音家　疏　注邦器至豭豚○釋曰鄭以軍器別言即云邦器者是禮樂之器也鄭云禮器者即射器之等樂器即鐘鼓之等祭器即籩豆俎簋尊彝器皆是引雜記宗廟器成釁之以豭豚者證此等所釁亦用豭豚也

凡師田斬牲以左右徇陳　示犯誓必殺之○徇辭俊反　疏　凡師至徇陳○釋曰此即上文誓衆之時斬牲以左右徇陳是此職也

祭祀贊羞受徹焉　疏　祭祀至徹焉○釋曰贊羞謂若上文大司馬職云祭祀羞魚牲之等此官即贊之云受徹焉者謂祭畢諸宰君婦廢徹之時則此官受之

羊人掌羊牲凡祭祀飾羔　羔小羊也詩曰四之日其蚤獻羔祭韭　疏

羊人至飾羔○釋曰凡正祭皆用成牲今言祭祀飾羔則非正祭用羔是以鄭引詩爲證云四之日者謂用建子爲正至建卯四月夏之二月之日公始用冰欲開冰之時先獻羔祭韭而啓冰室乃出冰也

祭祀割羊牲登其首

登升也升首報陽也升首于室〔疏〕注登升至于室○釋曰知升首于室者見郊特牲云用牲於庭升首於室注云制祭之後升牲首於北墉下云報陽者首爲陽對足爲陰祭祀之時三牲之首俱升此特言羊者以其羊人所升不升餘牲故言羊也

凡祈珥共其羊牲

共猶給也〔疏〕凡祈至羊牲○釋曰犬人共犬此云共羊或羊或犬俱得爲釁故兩職各共之也

賓客共其灋羊

法羊殪饔積膳之羊○食饗音嗣本又作殪饔〔疏〕注法羊至之羊○釋曰鄭知法羊是爲此等者以其言法即是依法度多少送於賓館及道路是以掌客致於賓館有上公殪五牢饔餼九牢及殷膳大牢致於道路有五積之等其饗餼及燕速賓自饌陳者不言之也

凡沈辜侯禳釁積共其羊牲

積故書爲眡鄭司農云眡讀爲潰謂釁國寶潰軍器也玄謂積積柴禋祀槱燎實柴○眡徐賜反與漬同槱羊久反燎良

召反〔疏〕注積故至實柴○釋曰先鄭不從故書眦故讀從水
下同　漬後鄭不從漬軍器者以此羊人所共共小子職
彼云釁邦器及軍器以此知不得爲漬軍器也後鄭云積積
柴禋祀槱燎實柴歷言此三者以互而相通皆須積柴實牲
幣煙氣上聞故也但祭天用犢其日月已下有用羊者故我
將詩云惟牛惟羊惟天其祐之彼亦據日月以下及配食者
也

若牧人無牲則受布于司馬使其賈買牲而共之布泉○賈音古

司爟掌行火之政令四時變國火以救時疾

行猶用也變猶易也鄭司農說以鄹子曰春取榆柳之火夏
取棗杏之火季夏取桑柘之火秋取柞楢之火冬取槐檀之
火○楢羊久〔疏〕司爟至時疾○釋曰云掌行火之政令者
反又音由　即四時變國火及季春出火等皆是也云
四時變國火以救時疾者火雖是一四時以木爲變所以禳
去時氣之疾也○注行猶至之火○釋曰先鄭引鄹子書論
語注引周書不同者鄹子書出於周書其義是一故各引其
一言春取榆柳之等舊師皆以爲取五方之色同故用之今

按棗杏雖赤榆柳不青槐檀不黑其義未聞

季春出火民咸從之季秋內火民亦如之

火所以用陶冶民隨國而爲之鄭人鑄刑書火星未出而出火後有災鄭司農云以三月本時昬心星見于辰上使民出火九月本黃昬心星伏在戌上使民內火故春秋傳曰以出內火○見賢遍反

〔疏〕注火所至內火○釋曰鄭知出火內火據陶冶火者以其上經四時變國火據食火明此春秋據陶冶故引春秋傳爲證也云民隨國而爲之者釋民咸從之義云鄭人已下按左氏昭六年三月鄭人鑄刑書士文伯曰火見鄭其災乎火未出而作火六月丙戌鄭災是其後有災昭十七年梓愼曰火出於夏爲三月於商爲四月於周爲五月夏數得天正先鄭云三月本時昬心星見於辰上使民出火九月本昬心星伏在戌上使民內火者心星則大火辰星是也三月諸星復在本位心星本位在卯三月本之昬心星始時未必出見卯南九月本始之黃昬心星亦未必伏在戌上皆據月半後而言云春秋傳曰以出內火者左氏傳襄公九年文

時則施火令

焚萊之時

〔疏〕注焚萊之時○釋曰上言行火政此又言施火令則不掌火禁故鄭云焚萊之時其火禁者則宮正云春秋以木鐸脩火禁注

云火星以春出以秋入因天時而以戒司烜亦云仲春以木鐸脩火禁于國中彼二官直掌火禁不掌火令

凡祭祀則祭爟 報其爲明之功禮如祭爨 疏 注報其至祭爨○釋曰鄭云禮如祭爨者祭爨祭老婦也則此祭爟謂祭先出火之人

凡國失火野焚萊則有刑罰焉 野焚萊民擅放火 疏 注野焚至放火○釋曰國失火謂在國中民失火有罰若今民失火有杖罰野焚萊有罰者大司馬仲春田獵云火弊鄭云春田主用火因除陳生新則二月後擅放火則有罰也

掌固掌脩城郭溝池樹渠之固頒其士庶子及其衆庶之守 樹謂枳棘之屬有刺者也衆庶民遞守固者也鄭司農說樹以國語曰城守之木於是乎用之○枳居氏反刺七賜反遞劉待禮反又待計反 疏 注掌固至之守○釋曰云掌脩城郭溝池者謂環城及郭皆有溝池云樹渠者非直溝池有樹兼其餘渠上亦有樹也云之固者揔城郭已下數事皆是牢固之事也云頒其庶子者即宮伯所云士謂卿大夫士之適子庶子其支庶彼據宿衛王宮此掌固所頒亦據宿衛王宮而言以其庶子

不合城郭之處用之以掌固是固守之官故兼掌宿衛之事也○注樹謂至用之○釋曰云泉庶民遷守固者也者謂使守城郭之所及要塞之處也先鄭引國語者按楚語云靈王爲章華之臺伍舉諫爲臺榭云瘠磽之地於是乎爲之城守之木於是乎用之是其事引之者證城有守法

設其飾器 兵甲之屬今城郭門之器亦然

（疏）注兵甲至亦然○釋曰鄭知經飾器是兵甲之屬者以其掌器是防禦之器故知是兵甲之屬也云今城郭門之器亦然者漢時城郭門守器所飾亦若今城郭門傍所執矛戟皆有幡飾之等是也

分其財用均其稍食 財用國以財所給守吏之用也稍食祿稟

（疏）注財用至祿稟○釋曰云財用者謂所用之財物分與之明是以財所給守吏爲守事之用者也云稍食祿稟者所守之處官及民合受官食月祿稟者所守之處守月給米稟與之故謂之稍食也

任其萬民用其材器 任謂以其任使之也民之材器其所用塹築及爲藩落○塹七豔反

（疏）注任謂至藩落○釋曰云民之材器其所用塹築及爲藩落者對上文財用謂官之財物此云民之材器明材是材木用爲楨榦以掘塹築作所用及不築處即用材爲藩屏籬落以遮障也

凡

守者受灋焉以通守政有移甲與其役財用唯是得通與國有司帥之以贊其不足者凡守者士庶子及他要害之守吏通守政者兵甲役財難易多少轉移相給也其他非是不得妄離部署國有司掌固也其移之者又與掌固帥致之贊佐也○凡守者劉收又反注凡守者下有守者同易以豉反離力智反疏注凡守至佐也○釋曰云凡守者士庶子及他要害之守吏者此鄭還據上文士庶子及衆庶之守而言云他要害者謂城郭所守是其常處除此有要害之處若殽阜河漢要路之所皆爲他要害也云通守政者兵甲役財難易多少轉移相給者鄭據上文飾器而言變材器言役材者欲見材器是民役之材非財用者云其他非是不得妄離部署者此則釋經唯是得通之言其餘非所通之外皆不得離其本處也晝三巡之夜亦如之巡行也行守者爲衆庶之解惰○行下孟反下皆同爲于僞反解佳賣反疏晝三至如之○釋曰此乃掌固設法與所守之處非是掌固自巡行之也夜三鼜以號戒杜子春云讀鼜爲造次之造謂擊鼓行夜戒守也春

秋傳所謂賓將趣者與趣與造音相近故曰終夕與燎玄謂
鼜擊鼜警守鼓也三巡之間又三擊鼜○鼜音戚造七報反
下同趣莊久反劉祖侯反杜七柱反疏夜三鼜以號戒○
者與音餘近附近之近與燎音預釋曰此乃掌固設
注與所守之處言以號戒者使擊鼜有所以號呼使戒守耳
○注杜子至擊鼜○釋曰引春秋者按昭二十年衛侯如死
鳥齊侯使公孫青聘衛賓將掫注謂行夜不作趣者彼賈服
讀守與子春意異云故曰終夕與燎者亦是彼傳文後鄭以
鼜擊鼜警守鼓不從子春造音者以子春已上有注鼜若
讀爲憂戚之戚是戒守者使有憂戚故謂此鼓爲鼜也

造都邑則治其固與其守灋都邑亦爲城郭疏注都邑亦爲城郭○釋曰謂三等采地言亦爲城郭者但戒守爲城郭而言故亦如上王國然也**凡國都之竟**

有溝樹之固郊亦如之竟界也○竟音境注及下同疏凡國至如之○釋曰此經爲上經而設仍兼見王國而言故國都雙言之言王國及三等都邑所在境界之上亦爲溝樹以爲阻固郊亦如之若據王國有近郊遠郊亦有溝遠樹以爲固**民皆有職焉**職謂守與任疏民皆

有職焉○釋曰此亦兼上王國及都合守之處其民皆職任使勞逸遞守也若有山川則因之山川若殽皐河漢疏若有至因之○釋曰謂上諸有所造溝樹爲固之處值有山川之處則因之不須別造○注山川至河漢○釋曰殽謂若殽有二陵皐謂若東城皐漢謂若楚謂齊云楚國漢水以爲池河爲四瀆之險又齊西有濁河皆因之爲固可知

司險掌九州之圖以周知其山林川澤之阻而達其道路周猶徧也達道路者山林之阻則開鑿之川澤之阻則橋梁之○徧音遍疏司險至道路○釋曰序官注國曰固野曰險是掌固掌在國城郭則司險掌畿外阻固故云司險也○注周猶至梁之○釋曰云山林之阻則開鑿之者謂若禹鑿龍門之類川澤之阻則橋梁之者謂若十月車梁成之類是也設國之五溝五涂而樹之林以爲阻固皆有守禁而達其道路五溝遂溝洫澮川也五涂徑畛涂道路也樹之林作藩落也○洫況域反澮古外反

畛之忍反【疏】設國至道路○釋曰此五溝五涂而言樹之林以爲阻固皆有守禁則非遂人田間五溝五涂但溝上涂所作隨所須大小而爲之皆準約田間五溝五涂其溝上亦皆有道路以相之○湊故以五溝五涂而言之也○注五溝至落也○釋曰遂溝至道路皆遂人文故遂人云夫間有遂遂上有徑十夫有溝溝上有畛百夫有洫洫上有涂千夫有澮澮上有道萬夫有川川上有路是也

國有故則藩塞阻路而止行者以其屬守之唯有節者達之有故喪災及兵也閉絶要害之道備姦寇也【疏】國有至達之○釋曰國有故之時恐有姦寇故藩塞阻路而止行者云以其屬守之者謂使司險之下胥徒四十八人之屬守其要者其餘使其地之民爲守也云有節者達之者節謂道路用旌節也○注有故至姦寇○釋曰鄭知有故是喪災及兵者喪謂王喪災謂水火兵謂寇戎之等有故使守慎惟此而已故以此三事解之

掌疆　闕

候人各掌其方之道治與其禁令以設候人

道治治道也國語曰候不在竟譏不居其方也禁令備姦寇也以設候人者選士卒以爲之詩云彼候人兮何戈與祋○治直吏反注道治及下方治同何胡我反又音河祋都外反劉睹律反［疏］候人至候人○釋曰言各掌其方之道治與其禁令以設候人者以其上士六人下士十有二人徒百有二十人以道路多故設官及徒亦多也引國語者按周語定王使單襄公聘于宋遂假道于陳以聘於楚時候不在境司空不視塗膳宰不致餼司里不授館單子歸以告王曰陳侯不有大咎國必亡言譏者正謂陳侯不有大咎國必亡者也詩云彼候人兮荷戈與祋者荷揭也祋謂殳也引此二者證候人在道之事鄭言候人者選士卒以爲之者即徒百二十人皆是甲士與步卒之内爲之也

若有方治則帥而致于朝及歸送之于竟方治其方來治國事者也春秋傳曰晉欒盈過周王使候人出諸轘轅是其送之○朝直遥反轘戶關反［疏］注方治至送之○釋曰方治其方來治國事者也謂國有事不能自決當決於王國或有國事須報在上皆是也引春秋者按襄二十一年晉欒盈出奔楚過周周西鄙掠之辭於行人曰天子陪臣盈得罪於王之守臣將逃罪罪重於郊甸無所伏竄敢布其死昔陪臣

書能輸力於王室若不棄書之力亡臣猶有所逃若棄書之力將歸死於尉氏惟大君命焉王使司徒禁掠欒氏者歸所取焉使候出諸轘轅彼云候鄭君以義言之故言候人也

環人掌致師

致師者致其必戰之志古者將戰先使勇力之士犯敵焉春秋傳曰楚許伯御樂伯攝叔為右以致晉師許伯曰吾聞致師者御靡旌摩壘而還樂伯曰吾聞致師者左射以菆代御執轡御下兩馬掉鞅而還攝叔曰吾聞致師者右入壘折馘執俘而還皆行其所聞而復之○菆側留反劉子侯反兩音兩又音亮掉徒弔反又奴孝反鞅於兩反折之設反下同馘古獲反俘音孚

【疏】注致師至復之○釋曰云古者將戰先使勇力之士犯敵焉者按文十二年秦伯伐晉秦人欲戰秦伯謂士會曰若何而戰對曰若使輕者肆焉其可注云肆突言使輕銳之兵往驅突晉軍隱九年北戎侵鄭公子突曰使勇而無剛者嘗寇而速去之注云勇則能往無剛不恥退云春秋傳者宣十二年左氏傳晉楚交戰楚許伯御樂伯己下謂凡平兵車之法射者在左御者在中戈盾在右菆矢之善者掬猶飾也掉猶正也言折馘執俘者死者取左耳曰馘生者曰俘執取之云皆行其所聞而復之者去時作言及至晉師皆行其所聞之

事而復反此亦勇而無剛之人引之者證致師之事也

察軍慝

慝陰姦也視軍中有爲慝者則執之○慝他得反

〔疏〕察軍慝○釋曰按莊二十五年左氏傳云惟正月朔慝未作彼以慝爲陰氣則此慝亦是陰姦也欲陰私爲姦取此軍之事往彼言之故察而執之

環四方之故

卻其以事謀來侵伐者所謂折衝禦侮

〔疏〕注卻其至禦侮○釋曰此則訓環爲卻卻其以事謀來侵伐此國者也云所謂折衝禦侮者謂彼國來衝能折服之彼國來輕侮能禦之故云折衝禦侮

巡邦國搏諜賊

諜賊反間爲國賊○搏音博又房布反劉音付諜音牒間間厠之間

〔疏〕注諜賊至國賊○釋曰云巡邦國者謂巡諸侯邦之內有諜賊搏提取之言諜賊者謂間伺此國之善惡諜諜然傳道之言反間者謂間伺反於彼言之也此諜賊即上軍慝之類彼據邦國故異言之

訟敵國

敵國兵來則往之與訟曲直若齊國佐如師

〔疏〕注敵國至如師○釋曰云若齊國佐者成公二年晉伐齊晉師至袁婁齊侯使國佐致賂晉人不可曰必以蕭同叔子爲質而使齊之封內盡東其畝對曰蕭同叔子非他寡君之母也若以匹敵則亦晉君之母也今吾子布大命於諸侯而曰必質其母以爲信其若王

命何文曰先王疆理天下物土之宜而布其利下云今吾子疆理諸侯而曰盡東其畝而已惟吾子戎車是利無顧土宜其無乃非先王之命也乎晉於是退師是訟敵國之事故引爲證也

揚軍旅 爲之威武以觀敵詩云維師尚父時維鷹揚 **疏** 注爲之至鷹揚○釋曰引詩者大雅文王詩言太公爲大師可尚可父武王伐紂之時太公奮其威武惟如鷹之揚擊是揚威武之事故引爲證也

降圍邑 圍邑欲降者受而降之春秋傳曰齊人降郕○降戸江反注同郕音章劉諸讓反 **疏** 注圍邑至降郕○釋曰按公羊傳莊公三十年秋七月齊人降郕郕者何紀人之遺邑也是紀入齊之時不俱至後乃降引之證降是圍邑之事也

挈壺氏掌挈壺以令軍井挈轡以令舍挈畚以令糧 鄭司農云挈壺以令軍井謂爲軍穿井井成挈壺縣其上令軍中士衆皆望見知此下有井壺所以盛飲故以壺表井挈轡以令舍亦縣轡于所當舍止之處使軍望見知當舍止于此轡所以駕舍故以轡表舍挈畚以令糧亦縣畚于所當稟假之處令軍望見知當稟假于此下也畚所以盛糧之器故以畚表稟軍中人多車騎雜會讙囂號

令不能相聞故各以其物爲表省煩趨。疾于事便也。畚音本爲于僞反下爲沃同縣音玄下皆同令力呈反盛音成下同稟彼錦反劉方鴆反讙呼端反囂五高反一音許驕反省所景反便螺面反（疏）挈壺至令糧。釋曰皆云挈者謂結之於竿首挈挈然故云挈也先鄭注具不復疏之也

凡軍事縣壺以序聚欜。凡喪縣壺以代哭者皆以水火守之分以日夜

鄭司農云縣壺以爲漏以序聚欜以次更聚擊欜備守也玄謂擊欜兩木相敲行夜時也代亦更也禮未大斂代哭以守壺者爲沃漏也以火守壺者夜則口視刻數也分以日夜者異晝夜漏也漏之箭晝夜共百刻冬夏之間有長短焉大史立成法有四十八箭。欜音託更音庚下同敲苦交反又苦教反行下孟反共如字（疏）注鄭司至八箭。釋曰先鄭云縣壺以爲漏者謂縣壺於上以水沃之水漏下入器中以設刻爲准法云以序聚欜以次更聚擊欜備守也者先鄭意持更人擊欜玄謂擊欜兩木相敲行夜時也者謂行夜者擊之按脩閭氏掌比國中宿互欜者先鄭云欜謂行夜擊欜野廬氏云若有賓客則令守塗地之人聚欜之司農云聚擊欜以宿衞之也彼二注後鄭皆從先鄭及至此注不從

先鄭者以野廬氏無夜行者宿入自擊故後鄭從之此文與脩閭氏同有行夜者故此不從先鄭宿者自擊之是以宮正云夕擊㯻而比之注云行夜以比直宿者先鄭云㯻戒守者所擊也是亦爲行夜者所擊也云代亦更也禮未大斂代哭者未殯已前無問尊卑皆哭不絶聲大斂之後乃更代而哭亦使哭不絶聲大夫以官士親疏大哭人君尊又以壺爲漏分更相代云分以日夜異晝夜漏也者若冬至則晝短夜長夏至則晝長夜短二分則晝夜等晝夜長短不同須分之故云異晝夜漏也云漏之箭晝夜共百刻冬夏之間有長短漏者馬氏云漏凡百刻春秋分晝夜各五十刻冬至晝則四十刻夜則六十刻夏至晝六十刻夜四十刻鄭注堯典云日中者日見之漏與不見者齊日長者日見之漏五十五刻於四時最長也夜中者日不見之漏與見者齊日短者日見之漏四十五刻於四時最短此與馬義異以其馬云春秋分晝夜五十刻據日見之漏若兼日未見日沒後五刻晝五十五刻夜四十五刻若夏至晝六十刻通日未見日沒後五刻則晝六十五刻夜三十五刻一年通閏有三百六十五日四分日之一四時之間九日有餘校一刻爲率云大史立成法有四十八箭者此據漢法而言則以器盛四十八箭各百刻以壺盛水縣於箭上節而下之水水淹一刻則爲一刻四十八箭

者蓋取倍二十四氣也

及冬則以火爨鼎水而沸之而沃之鄭司農云冬水凍漏不下故以火炊水沸以沃之謂沃漏也○爨七端反（疏）注鄭司至漏也○釋曰沃如沃尸盥之沃謂沸水稍熱澆沃壺中使下也

射人掌國之三公孤卿大夫之位三公北面孤東面卿大夫西面其摯三公執璧孤執皮帛卿執羔大夫鴈位將射始入見君之位不言士者此與諸侯之賓射士不與也燕禮曰公升即位于席西鄉小臣納卿大夫卿大夫皆入門右北面東上士位於西方東面北上大射亦云則凡朝燕及射臣見於君之禮同○見君賢遍反下同不與音預卿許亮反朝直遙反下文及注皆同（疏）射人至大鴈○釋曰三公射北面者君南面苔陽臣之北面苔君三公臣中最尊故屈之使北面苔君之義孤東面者西方者賓位以孤無職尊而賓客之故在西也卿大夫西面者以其皆有職故在東在東近君居主位也○注位將至禮同○釋曰知位是將射

始入見君之位者此射人主論射事大射諸侯禮亦然故知將射見君始入見君之位也云不言士此與諸侯之賓射士不與也者無臣祭無所擇不得自大射得與君大射故司農云大射不言士也按下文士豻侯二正則士得自行賓射不得與君賓射矣引燕禮者欲見天子諸侯朝燕射三者位同之義云凡朝燕及射臣見於君之禮同者以儀禮內諸侯有燕朝及射朝不見正朝周禮內天子有射朝與正朝不見燕朝諸侯射朝與燕朝位同則天子燕朝亦與射朝位同則諸侯正朝亦與射朝位同是天子諸侯三朝各自同故鄭引儀禮見天子諸侯互見爲義耳　諸侯在朝則皆北面詔相其灋　謂諸侯來朝而未歸王與之射於朝者皆北面從三公位法其禮儀〔疏〕諸侯至其法○釋曰按司几筵云凡封國命諸侯大饗射王立扆前南鄉司服云享先公饗射則鷩冕鄭注云饗射饗食賓客與諸侯射也此云王與之射言在朝當皮弁又何得有扆所以然者彼二者據大射在學故有著冕在扆之事此賓射在路門之外朝故與彼異也○注謂諸至禮儀○釋曰云從三公位者諸侯南面之尊故屈之從三公位也云法其禮儀者謂在朝進退周旋拱揖之儀也　若有國事則掌其戒令

詔相其事謂王有祭祀之事諸侯當助其薦獻者也戒令告以齊與期○齊側皆反〈疏〉注謂王至與期○釋曰知國事是王有祭祀之事者以其諸侯來朝未歸而有戒令詔相之事大宗伯祭事皆云詔相故知是祭祀之事云戒令告以齊與期者齊謂散齊期謂祭日也掌其治達謂諸侯因與王射及助祭而有所治受而達之於王王有命又受而下之○治直吏反〈疏〉注謂諸至下之○釋曰如鄭注意則治達之中非直諸侯有治于王王之有治亦下達於諸侯也以射灋治射儀王以六耦射三侯三獲三容樂以騶虞九節五正諸侯以四耦射二侯二獲二容樂以貍首七節三正孤卿大夫以三耦射一侯一獲一容樂以采蘋五節二正士以三耦射豻侯一獲一容樂以采蘩五節二正射法王射之禮治射儀謂肆之也鄭司農云三侯熊

虎豹也容者乏也待獲者所蔽也九節析羽九重設於長杠也正所射也詩云終日射侯不出正兮二侯熊豹也豻侯豻者獸名也獸有貔豻熊虎玄謂三侯者五正三正二正之侯也二侯者三正二正之侯也一侯者二正而已此皆與賓射於朝之禮也考工梓人職曰張五采之侯則遠國屬遠國謂諸侯來朝者也五采之侯即五正之侯也正之言正也射者内志正則能中焉畫五正之侯中朱次白次蒼次黃玄居外三正損玄黃二正去白蒼而畫以朱綠其外之廣皆居侯中參分之一中二尺今儒家云四尺曰正二尺曰鵠鵠乃用皮其大如正此說失之矣大射禮豻作干讀如宜豻宜獄之豻豻胡犬也士與士射則以豻皮飾侯下大夫也大夫以上與賓射飾侯以雲氣用采各如其正九節七節五節者奏樂以爲射節之差言節者容侯道之數也樂記曰明乎其節之志不失其事則功成而德行立○射三侯食亦反下及注射侯所射射牲射豕皆同三獲如字劉胡伯反一五正音征下及注同豻五旦反劉音鴈注同肆之劉餘二反一音四九重直龍反杠音江貔勿誅反下同言正音政下志正大射正同能中丁仲反下文注射中中侯同去白起呂反下去扑同廣古曠反鵠古毒反下大夫戶嫁反下天子同以上時掌反下上曰以上同行下孟反

疏 注射法至行立 釋曰此則賓射

在朝之儀言射法王射之禮者此經兼有諸侯臣各在家與賓客射法各自有官掌之射人但作法與之耳首云射法者是射人所掌王射之禮言王射以別諸侯已下之射也云治射儀謂肆之也者言治則非是王射之語謂若大宗伯云治其大禮皆是習禮法故鄭云肆之肆則習也先鄭云三侯虎熊豹後鄭不從云容者乏也者此言容儀禮大射鄉射之等云之乏故云容者乏也言者據唱獲者容身於其中據人而言云乏之者矢至此乏極不過據矢而說也云九節析羽重設於長杠也者若是析羽九重設於長杠即是獲旌當與三獲三容相依何得輒在騶虞之下既在騶虞詩下明是歌之樂節故後鄭不從也云二侯熊豹也者後鄭亦不從也云豻侯豻者獸名也獸有貙豻熊虎者此皆獸類故舉言之也玄謂三侯者五正三正二正之侯也者此大射賓射侯數同皆約大射云大侯九十參侯七十豻侯五十而言云二侯者三正二正之侯也者謂七十五十弓者也云一侯二正而已者據大夫士同一侯二正五十弓而已云此皆與賓射於朝之禮也者按鄉射記云於境則虎中龍旝謂諸侯賓射之禮彼又云唯君有射國中其餘臣則否注云臣不習武事於君側則臣皆不得在國射若然在朝賓射唯有天子而云此皆與賓射於朝之禮者謂諸侯已下賓射在已朝不謂於天子朝

行此賓射之禮也云考工梓人職曰張五采之侯則遠國屬已下至五正之侯也引之者破先鄭以此五正之侯爲虎熊豹但梓人有三等侯云張皮而棲鵠及司裘云虎侯熊侯豹侯皆大射之侯也梓人又云張五采之侯則遠國屬及此五正之等皆賓射之侯也梓人又云張獸侯則王以息燕及鄉射記云天子熊侯白質之等皆燕射之侯也三射各有其侯而先鄭以皮侯釋正侯非也云正之言正也射者內志正則能中焉者此意取義於射義司裘注更有一釋正爲鳥名解之也云畫五正之侯中朱已下皆以相尅爲次向南爲首故先畫朱知三正去玄黃二正朱綠者皆依聘禮記繅藉而言三采者朱白蒼二采者朱綠也云其外之廣皆居侯中參分之一者此亦約梓人云參分其廣而鵠居一焉彼據大射之侯若賓射之侯亦當參分其廣正居一焉九十步者侯中丈八尺七十步者侯中丈四尺五十步者侯中一丈也云今儒家云四尺曰正二尺曰鵠鵠乃用皮其大如正此說失之矣者賓射射正大射射鵠儒家以正鵠爲一解故鄭破之云鵠乃用皮其大如正不得爲一故云此說失之矣云大射禮豻作干者見大射經作干侯彼注亦破從豻云讀如宜豻宜獄之豻者此讀與彼音同云豻胡犬也者謂胡地之野犬云士與士射則以豻皮飾侯下大夫也大夫以上與賓射飾侯以

雲氣知義如此者此賓射正用二采而言豻侯明於兩畔以豻皮飾之故得豻侯之名知大夫已上用雲氣者鄉射記云凡畫者丹質注云賓射之侯燕射之侯皆畫雲氣於側以爲飾必先以丹采其地是賓射大夫已上皆畫雲氣其大射之侯兩畔飾以皮故鄭直言賓射燕射云用采各如其正者其側之飾采之數各如正之多少也云九節七節五節者奏樂以爲射節之差者九節者五節先以聽七節者三節先以聽五節者一節先以聽尊者先聽多卑者少爲差皆留四節以乘矢拾發云言節者容侯道之數者謂若九節者侯道九十弓七節者侯道七十弓五節者侯道五十弓也云樂記曰明乎其節之志不失其事則功成德行立者證侯道遠近亦爲節也此射義文云樂記者誤也

若王大射則以貍步張三侯鄭司農云貍步謂一舉足爲一步於今爲半步玄謂貍善搏者也行則止而擬度焉其發必獲是以量侯道法之也侯道者各以弓爲度九節者九十弓七節者七十弓五節者五十弓弓之下制長六尺大射禮曰大侯九十參七十干五十是也三侯者司裘所共虎侯熊侯豹侯也列國之君大射亦張三侯數與天子同大侯熊侯也參讀爲糝糝雜也雜者豹鵠而麋飾下天子大夫○搏音博劉音付擬又作儗同度待洛反參讀爲糝

素感反干五與〔疏〕注鄭司至大夫○釋曰此射人主賓射豻同五旦反　兼主六射之事故爲大射張侯也先鄭云貍步謂一舉足爲一步於今爲半步者此言於射張侯義無取故後鄭不從是以後鄭爲貍善搏物解之云侯道者各以弓爲度九節者九十弓以下者按鄉射記鄉侯五十弓弓二寸以爲侯中彼據鄉射之侯一侯五十弓者而言若大射三侯云九十七十五十亦是據弓爲數弓之上制六尺六寸中制六尺三寸下制六尺六尺與步相應故鄭連引大射三侯以義相會諸侯三侯用物雖不與天子同侯道則同但天子侯道無文約同諸侯故更引司裘天子三侯以會之諸侯糝侯知豹鵠而麋飾者以司裘云諸侯熊侯豹侯卿大夫麋侯畿外不得純如天子近侯已用豻則大侯不得用虎侯明大侯用畿內諸侯熊侯爲之其中豹侯麋侯則諸侯兼此二侯乃稱糝豹尊於麋明以豹麋爲鵠以麋爲飾耳不純用豹麋者下天子大夫故也

王射則令去侯立于後以矢行告卒令取矢 鄭司農云射人主令人去侯所而立于後也以矢行告射人主以矢行高下左右告于王也大射禮曰大射正立于公後以矢行告于公下曰留上曰揚左右曰方杜子春說以矢行告告白射事于王王則誂矢

也杜子春說不與禮經合疑非是也卒令取矢謂射卒射人令當取矢者使取矢也玄謂令去侯者命負侯者去侯也鄉射曰司馬命獲者執旌以負侯○卒子恤反注同

〔疏〕王射至取矢○釋曰此文承賓射大射之下則王射射人皆令去侯立於後以矢行告卒令取矢○注鄭司至負侯○釋曰先鄭云射人主令人去侯所者不辨其去侯之人故後鄭增成其義其負侯之人是服不氏也又引鄉射直云司馬命負侯不言官者大夫士家無服不氏家臣爲之故也天子射人無其事故引大射之等爲證也

祭侯則爲位

祭侯獻服不服不以祭侯爲位爲服不受獻之位也大射曰服不侯西北三步北面拜受爵

〔疏〕注祭侯至受爵○釋曰按大射禮使服不氏負侯將祭侯之時先設位於侯西北北面服不氏於位受得獻訖乃於侯所北面祭侯故引大射受獻之位爲證也

與大史數射中

射中數射者中侯之算也大射曰司射適階西釋弓去扑襲進由中東立于中南北面視算○數所主反注同扑普卜反劉方遘反說文父豆反

〔疏〕注射中至視算○釋曰數算大史數之射人但視之耳故引大射爲證大射諸侯禮謂之司射天子謂之射人司射恒執張弓搢扑但令將視數薄故適階西釋去弓并去扑

向於階西襲乃適中南北面視數算也**佐司馬治射正**射正射之法儀也（疏）注射正至儀也○釋曰射之威儀乃是禮之正故名射儀爲射正也司馬所主射儀謂若命去侯命取矢乘矢之等皆當佐之言治者亦謂預習之類也**祭祀則贊射牲相孤卿大夫之灋儀**烝嘗之禮有射豕者國語曰禘郊之事天子必自射其牲今立秋有貙劉云○貙劉力朱反一音如字（疏）注烝嘗至劉云○釋曰鄭知烝嘗之禮有射豕者據乎烝嘗禮而知云國語曰禘郊之事天子必自射其牲者據祭天之時牲則犢也若然宗廟之祭秋冬則射之春夏否也祭天則四時常射天尊故也是以司弓矢共王射牲之弓矢此射人贊射牲也諸侯已下則不射楚語云劉羊擊豕而已云今立秋有貙劉云者漢時苑中有貙劉即爾雅貙似貍劉殺也云立秋貙殺物引之者證烝嘗在秋有射牲順時氣之法**會同朝覲作大夫介**

凡有爵者作讀如作止爵之作諸侯來至王使公卿有事焉則作大夫使之介也有爵者命士以上不使賤者○介劉古拜反注及下同（疏）會同至爵者○釋曰作使也有會同朝覲王使公卿有事於會同則射人

使大夫爲上介使凡有爵者命士以上爲衆介也○注作讀至賤者○釋曰鄭讀作如作止爵之作者讀從特牲少牢三獻作止爵按彼主人主婦二獻尸訖賓長爲三獻尸爵止鄭注云欲神惠之均於室中使主人主婦致爵訖三獻則賓長也賓長作起前所所止之爵使尸飲之讀從者取動作使之義也

大師令有爵者乘王之倅車倅車戎車之副○倅七内反劉倉愛反

疏注倅車戎車之副○釋曰大師謂王出征伐王乘戎路副車十二乘皆從王行則使有爵者命士已上乘之知倅車戎車之副者戎僕云掌王倅車之政鄭云倅車之副也

有大賓客則作卿大夫從作者選使從王見諸侯○從才用反注同

疏注作者至諸侯○釋曰大賓客不言會同則是秋冬覲遇幷春夏受享在廟之時從王見諸侯也

戒大史及大夫介戒戒其當行者覲禮曰諸公奉篋服加命書于其上升自西階東面大史氏右

疏注戒戒至氏右○釋曰此謂王有命使三公命諸侯及衣服就館賜之時則射人戒大史及大夫與諸公爲介注引覲禮者證王使諸公就館賜侯氏之法云大史氏右者謂於西階東面立之時大史在公之右命侯氏也是以公羊傳

曰命者何加我服錫者何賜也　**大喪與僕人遷尸作卿大夫掌事比其廬不敬者苛罰之**　僕人大僕也僕人與射人俱掌王之朝位也王崩小斂大斂遷尸于室堂朝之象也檀弓曰扶君卜人師扶右射人扶左君薨以是舉苛謂詰問之○比毗志反苛音何又呼何反朝直遥反下皆同

（疏）大喪至罰之○釋曰作大夫掌事者謂王喪宜各有職掌比其廬者謂若宮正所云親者貴者居廬當比其本服親疏及貴賤○注僕人至問之○釋曰知僕人大僕也者見大僕掌內朝射人掌正朝掌事是同周禮又更無僕人職故知是大僕是以鄭云僕人與射人俱掌王之朝位也云王崩小斂大斂遷尸於室堂者始死於北牖下遷尸於南牖○下又云小斂於戶內是遷尸於室小斂訖遷尸於戶外又遷尸大斂大斂於阼階大斂訖又遷尸於西階以入棺是遷尸于堂也云朝之象也者君所在臣朝之故云朝之象也引檀弓者證射人與僕人君之疾薨皆是二人之事彼鄭云卜當爲僕即僕人也

服不氏掌養猛獸而教擾之　猛獸虎豹熊羆之屬擾馴也教習使之馴

服王者之教無不服。○擾，而小反，劉音饒。羆，彼皮反。馴，似遵反，一音脣。〔疏〕注「猛獸」至「不服」。○釋曰：猛獸云「之屬」者，兼有豺狼貔貅之等，故云「之屬」。教馴之象，天下皆服王者之教，無不服，故也。

凡祭祀，共猛獸。謂中膳羞者。獸人冬獻狼，春秋傳曰「熊蹯不熟」。○蹯音煩，掌也。〔疏〕注「謂中」至「不熟」。○釋曰：上云養猛獸，則猛獸皆養之，此言祭祀所共，據堪食者，故鄭云謂中膳羞。中膳羞唯有熊狼，故引獻人與春秋爲證。按內則亦云狼臅膏可食也。春秋傳者，宣公二年，晉靈公之時，宰夫胹熊蹯不熟，殺之，趙盾諫之時也。

賓客之事，則抗皮。鄭司農云：謂賓客來朝聘，布皮帛者，服不氏主舉藏之。抗讀爲亢其讎之亢。亢謂抗者，若聘禮曰「有司二人舉皮以東」。○抗，注亢同，苦浪反，劉公郎反。〔疏〕注「鄭司」至「以東」。○釋曰：朝聘布皮帛者，按聘禮行享禮之時，皮帛布於庭，使服不氏舉皮以東，抗即舉也，故引爲證也。讀爲亢其讎之亢者，讀從僖二十八年城濮之戰，子犯云「背惠食言，以亢其讎」。引之者，取亢舉之義也。後鄭引聘禮者，增成先鄭義。二人者，即服不氏也。

射則贊張侯，以旌居乏而待獲。贊，佐也。大射禮曰：「命量人、巾車張三侯。」杜子春云：待當爲持，書亦或爲持乏之讀爲匱乏之乏持獲者所蔽玄謂待獲待射者中舉旌以獲○中如字劉居令反中丁仲反〔疏〕注贊佐至以獲○釋曰引大射者證服不氏佐量人巾車張侯之事後鄭云待獲待射者中舉旌以獲者以獲則大射禮唱獲者居乏之中中則舉旌以宮下旌以商者是也故不從子春待爲持也

射鳥氏掌射鳥鳥謂中膳羞者梟鴈鴇鴞之屬○射食亦反下射鳥同梟音扶鴇音保鴞于苗反〔疏〕注鳥謂至之屬○釋曰知中膳羞者以上文猛獸有共祭祀此下文云祭祀毆烏鳶不中膳羞則毆之此經直云射鳥明是中膳羞者也鄭知梟鴈鴇鴞者內則云舒鳧翠鴈腎鴇鴞胖此等去翠腎胖是可膳羞者也云之屬者兼有雉鶉鷃之等也

祭祀以弓矢毆烏鳶凡賓客會同軍旅亦如之烏鳶善鈔盜便汙人○毆起俱反鳶代專反鈔初教反又初交反便婢面反劉符緜反〔疏〕祭祀至如之○釋曰賓客會同毆烏鳶者以其會同皆有盟詛之禮殺牲之事軍旅亦有較牲巡陳之事故須毆烏鳶

射則取矢矢在侯高則以并夾取之

鄭司農云王射則射鳥氏主取其矢矢在侯高者矢著侯高人手不能及則以并夾取之并夾鍼箭具夾讀爲甲故司弓矢職曰大射燕射共弓矢并夾○夾音甲著直略反鍼箭其炎反李其嚴反沈云或作鉆■〔疏〕注鄭司至并夾○釋曰射皆三番第一番雖有六耦二耦誘射雖中不獲第二第三皆衆耦共射皆釋獲有取矢之法先鄭引司弓矢職直有大射燕射不言賓射亦同大射燕射也

羅氏掌羅烏鳥鳥謂卑居鵲之屬○卑音匹又如字〔疏〕注鳥謂至之屬○釋曰鄭知鳥卑居者見小弁詩云弁彼鸒斯歸飛提提注云鸒卑居卑居雅烏云鵲者即山鵲卑居之類云之屬者兼有餘鳥也

蜡則作羅襦作猶用也鄭司農云蜡謂十二月大祭萬物也郊特牲曰天子大蜡謂歲十二月合聚萬物而索饗之襦細密之羅襦讀爲繻有衣袽之繻玄謂蜡建亥之月此時火伏蟄者畢矣豺既祭獸可以羅網圍取禽也王制曰豺祭獸然後田又曰昆蟲已蟄可以火田今俗放火張羅其遺教○襦女俱反或音須注繻同索色白反袽女居反字又作絮〔疏〕注作猶至遺教○釋曰先鄭所云其義得矣後鄭增成之言蜡者自取當蜡之月得用細

密之罔羅取禽獸故後鄭云此時火伏十月之時火星已伏在戌將執若畢矣引王制者證十月蜡祭後得火田有張羅之事云今俗放火張羅其遺教者漢之俗間在上放火於下張羅承之以取禽獸是周禮之遺教則知周時亦上放火下張羅也

中春羅春鳥獻鳩以養國老行羽物 春鳥蟄而始出者若今南郡黃雀之屬是時鷹化爲鳩鳩與春鳥變舊爲新宜以養老助生氣行謂賦賜○中音仲〈疏〉注春鳥至賦賜○釋曰此文仲春行羽物按司裘職云仲秋獻良裘王乃行羽物彼注云仲秋鳩化爲鷹仲春鷹化爲鳩順其始殺與其將止而大班羽物若然則一年二時行羽物但彼注云此羽物小鳥鶉雀之屬鷹所擊者此注云春鳥若今南郡黃雀之屬不同者各舉一邊互見其義

掌畜掌養鳥而阜蕃教擾之 阜猶盛也蕃蕃息也鳥之可養使盛大蕃息者謂鵞鶩之屬○蕃音燔注同鵞五何反鶩音木〈疏〉注阜猶至之屬○釋曰云謂鵞鶩之屬者鶩即今之鴨民間所畜故云焉

祭祀共卵鳥 其卵可薦之鳥○卵劉本作卯音卵

〔疏〕注其卵可薦之鳥○釋曰還謂上經鶩鴨之屬其雛亦在焉 歲時貢鳥物鶉鴈之屬以四時來〔疏〕注鶉鴈至時來○釋曰不言鵞鶩雞者所畜非貢物故以野鳥爲貢者也 共膳獻之鳥雉及鶉鴽之屬○鶉音純鴽音如〔疏〕注雉及鶉鴽之屬○釋曰此言堪膳而獻者惟有此等是以內則及公食大夫上大夫二十豆有雉兔鶉鴽云之屬者更有餘鳥也

附釋音周禮注疏卷第三十

奉新余成教校

大清嘉慶丙子重刊
用文選樓藏本校

知南昌府張敦仁署鄱陽縣候補知州周澍栞

周禮注疏卷三十挍勘記　　阮元撰盧宣旬摘錄

附釋音周禮注疏卷第三十

小司馬

此下字脫滅札爛文闕　余本毛本同嘉靖本文作又按此本疏云以此知此下脫滅札爛又闕也又云札爛又闕者以其下經簡札爲韋編折爛闕落則文爲又之誤無疑而字字亦當爲衍文今閩監毛本疏又皆誤文矣注中札字此本閩本作禮因誤爲礼遂改作禮也

與購求遺書不得也　補案與上當有漢字

軍司馬

闕　余本嘉靖本同此及下皆鄭注也閩監毛本獨此不標注字且移闕於○下誤也下同

司勳

輔成王業若周公　民功曰庸疏同閩本輔上衍補注字監毛本從之下

祭於大烝　唐石經諸本同此本疏中烝作蒸

盤庚告其卿大夫曰　閩監毛本同余本岳本嘉靖本盤作般釋文亦作般庚當據正

爾祖其從與享之　宋本與作預非

釋曰凡凡有功　閩監毛本凡字不重此上當云之誤

在冬之蒸祭者　閩監毛本蒸作烝下並同

惟加田無國正　閩監毛本同唐石經余本嘉靖本惟作唯

少宰特牲是大夫　浦鏜云牢誤宰

馬質

其外否　唐石經諸本同案否當作不○按說文云否不也此不必改字

姜大岳之後也　惠挍本岳作嶽下同

量人

經涂九軌　惠挍本軌作軌

市一夫之等　補案市下當有朝字

量其市朝州涂軍社之所里　釋文州涂本又作塗按塗俗字

師皆有道以相湊之　惠挍本同閩監毛本湊作凑非

從於獻酒之肉炙也　諸本同釋文出肉炙二字惠挍本作炙肉按賈疏引鄭云亦作炙肉

若燕行獻賔薦脯醢是也　浦鏜云行當禮字誤

傳火曰爝之附　閩監毛本同誤也宋本傳作傅傅即今附近

葦包二者也　按二當爲一

正喪祭奠入壙之事也　正當証之誤

元謂舉讀如䵖尸之嘏　漢讀考作讀爲云今本作如誤案舉爵而飲之注舉受福之嘏聲之誤也王酳尸尸嘏王此其卒爵也此注嘏尸亦當作尸嘏○按此即禮經之尸嘏主人也

小子

謂四段解之　閩本同宋本段作段當據正監毛本誤股

故正祭卽體解爲二十一體　宋本無故此衍

祈或爲刉　余本岳本同閩監毛本刉作刏下及疏同余本此本載音義皆作刉今通志堂本亦省作刉

祈或作幾　惠校本幾作鐖非

凡刉衈則奉犬牲　余本岳本嘉靖本同閩監毛本犬誤大疏同惠校本衈作珥

按爾雅曰祭山曰庪懸　閩本同監毛本庪懸改庋縣惠校本曰作云○按庪庋皆俗字而庋从广尤非

亦謂鼓神節　補鏜云歆誤鼓從儀禮通解續校

羊八

四之日其蚤　惠校本蚤作早

法羊殘饔積膳之羊　嘉靖本法作灋非釋文殘饔作食饔云音嗣本又作殘饔惠棟云疏作殘饔余本作食饔

積故書爲眦　毛本眦誤從耳

司爟

九月本黄昏心星伏在戌上　此本疏中引注無黄字案上文亦無黄此衍○按戌當作

戊下疏同

九月本昏心星伏在戌上 閩監毛本昏上有黃非

掌固

要塞之處也 閩監毛本塞改害非

稍食祿稟 余本嘉靖本毛本同閩監本稟作廩誤疏中同

用爲楨榦 惠挍本同閩監毛本榦作幹非

若殽皐河漢要路之所 此本殽誤殺今據閩毛本訂正監本誤漢

遠樹以爲固 遠蓋遶之譌

司險

謂若十月車梁成之類 閩監毛本依今孟子車改輿非

其溝上亦皆有道路以相之湊閩本同余本無之監毛本改爲支○按無者是也

備姦寇也嘉靖本姦作奸候人注同案賈疏標起訖作奸寇○按奸者姦之俗作奸者非

候人

何戈與祋衣嘉靖本閩本同釋文亦作祋監毛本作殺誤從

王使候人出諸轘轅監本轘誤轘

環人

御下𢷎馬掉鞅而還宋本余本嘉靖本同閩監毛本𢷎誤𢷎疏同監本又馬誤焉掉誤棹

及至晉師宋本無至

爲之威武以觀敵六經正誤作揚威武以觀敵

維師尚父時維鷹揚　惠挍本嘉靖本維作惟此從糸非按賈疏亦作惟此本疏中揚作楊

是揚威武之事　惠挍本同閩監毛本脫之事

注圍邑至降鄣　監本鄣誤障

挈壺氏　唐石經余本通典七十六漢制考同嘉靖本閩監毛本壺作壷非

挈壺縣其上　通典縣作懸下同

亦縣畚于所當稟假之處　通典稟作廩非釋文稟假有音

省煩趨疾于事便也　通典作省煩事便無下四字文簡而義益明今本蓋衍釋文出省煩事便四字

以序聚欜　閩監毛本同唐石經余本嘉靖本欜作欜

夜則口視刻數也　此本則下有口閩監毛本補火字非余本岳本嘉靖本作夜則視刻數也本無

騶文當據以訂正

野蘆氏云　當從毛本作野廬

以野廬氏無夜行者　按夜行字當誤倒

士親疏大哭　浦鏜云代誤大

夏至則晝夜短　補案晝下當有長字

澆沃壺中使下也　監本中字缺壞

射人

大夫鴈　唐石經鴈上有執諸本無

士位於西方　余本閩本同嘉靖本監毛本位作立

三公射北面者　閩本同誤也當從監毛本射作特

此射人主論射事　閩本同監毛本主改唯

三侯熊虎豹也　余本同嘉靖本閩監毛本作虎熊豹

今儒家云四尺曰正二尺曰鵠　諸本同案詩賓之初筵正義曰周禮鄭衆馬融注皆云十尺曰侯四尺曰鵠二尺曰正四寸曰質今儒家即指馬季長鄭仲師也正鵠字互誤當據以訂正○按注於鄭衆注纖悉畢載皆系之鄭司農何此云儒家蓋必各成一說不容牽合儒家非仲師也

讀如宜豻宜獄之豻　賈疏亦作讀如云此讀與彼音同漢讀考作讀爲云今本作讀如誤

卒令取矢　余本嘉靖本毛本同閩監本卒令誤倒

釋弓去扑　余本嘉靖本閩本同監毛本扑作朴案釋文作扌去扑字從手○按扑即說文之攴字从又卜聲扌即又也以其可以扑人因名之曰扑凡經典扑字或改从木作朴者皆非也

據乎烝嘗禮而知　宋本嘗下有者監本乎改遂

劉羊擊豕而巳 浦鏜云刲誤劉

射人扶左 余本嘉靖本閩本同監毛本射人下衍師

遷尸於南牖下 閩本同監毛本牖作牅

服不氏

無服故也 補毛本服上有不字是也

熊蹯不熟 余本嘉靖本熟作孰此本疏中亦皆作孰此加火者俗字

故引獻人以春秋爲證 浦鏜云獸誤獻

抗讀爲亢其讐之亢 漢讀考作讀如案馬質注綱讀爲以不畜也此注言服不氏主舉藏幣則與禁去惡馬○按前說非也抗者舉也故讀如亢其讐之亢亢御也禁也禁去義亦相近也與馬質注迥異而巳不得云讀爲

畢皮以東 嘉靖本東誤東

射鳥氏

梟鴟鵂鶹之屬 閩監毛本同余本鵂作鵅嘉靖本作鴟此本作鴟皆誤今訂正釋文作梟鴟鵂鶹鶹音于苗反此本疏中引作鶚誤也引內則鵅鶹胖亦誤鶹

以弓矢敺烏鳶 余本同唐石經敺作毆釋文作敺嘉靖本閩監毛本作毆此本及閩本烏誤烏今訂正○按敺从攴說文之古文驅也與殳部之毆絕不同唐石經此經作毆乃大誤學者宜以此爲例求之

烏鳶善鈔盜便汙人 毛本善誤喜釋文汙作汚

第一畨雖有六耦 閩本同監毛本雖改唯

羅氏

襦讀爲繻有衣袽之繻 葉鈔釋文作衣絮云字又作袽此本爲誤謂今據諸本訂正

可以羅網圍取禽也　閩監毛本同余本嘉靖本網作罔此本疏中亦作罔注皆用罔字此加糸旁非

於下張羅丞之　宋本閩本同監毛本丞改承

行謂賦賜　浦鏜云頒誤賦從集注挍○按浦鏜非也古者分布於人曰賦如社而賦事是也

而大班羽物　閩監毛本班誤斑

掌畜

謂鶩鵞之屬　余本嘉靖本閩本同監毛本鵞改鵝非疏同釋文亦作鵞

祭祀共卵鳥　唐石經余本嘉靖本同閩監毛本卵改卵釋文卵鳥劉本作卵音卵段玉裁云疑劉本作卝依說文也古說文卵字作卝

周禮注疏卷三十挍勘記終

南昌袁泰開挍

附釋音周禮注疏卷第三十一

鄭氏注　賈公彥疏

夏官司馬下

司士掌羣臣之版以治其政令歲登下其損益之數辨其年歲與其貴賤周知邦國都家縣鄙之數卿大夫士庶子之數損益謂用功過黜陟者縣鄙鄉遂之屬故書版爲班鄭司農云班書或爲版版名籍○版音板〔疏〕司士至之數○釋曰云掌羣臣之版者謂畿內朝廷及鄉遂都鄙羣臣名籍云以治其政令者即損益之數辨其年歲貴賤之等是也云歲登下其損益之數者三年黜陟者是也云辨其年歲者知羣臣在任及年齒多少也云與其貴賤者大夫已上貴士已下賤也云周知邦國都家者邦國謂周之千七百七十三國也都家謂天子畿內三等采地大都小都家邑是也先邦國後都家者尊諸侯故也亦如大宰云

布治于邦國都鄙亦先邦國也縣鄙者謂去王國百里外六遂之中也不言六鄉者舉遠以包近云鄉大夫士者即謂朝廷及邦國都家縣鄙之臣數摠言之也云士庶子者亦如宮伯卿大夫之子謂適子庶子其支庶宿衛王宮者也云之數者邦國已下摠結之也○注損益至名籍○釋曰云損益謂用功過黜陟者即三年大比以功過黜陟者也云縣鄙鄉遂之屬者縣鄙屬遂故云之屬其中兼鄉中之州黨故鄉遂並言也

以詔王治告王所當進退○治直吏反下注治處同

〔疏〕注告王所當進退○釋曰知詔王治是告王所當進退者司士掌羣臣之數只爲賞罰進退以勗勵之故知告王治唯謂進退之也

以德詔爵以功詔祿以能詔事以久奠食德謂賢者食稍食也賢者既爵乃祿之能者事成乃食之王制曰司馬辨論官材論進士之賢者以告於王而定其論論定然後官之任官然後爵之位定然後祿之○奠音定乃食音嗣其論魯頓反下同又如字任音壬

〔疏〕以德至奠食○釋曰云以德詔爵以功詔祿者據賢者試功之後其德堪用乃詔王授之以正爵有功乃詔王授之以正祿也云以能詔事以久奠食者奠定也據能者先試之以事事成乃定以稍食其能堪用乃後

亦詔授之以正爵祿○注德謂至祿之○釋曰云德謂賢者
即大司徒云以鄉三物教萬民而賓興之三物謂六德六行
六藝有六德六行即爲賢者有六藝即爲能者鄉大夫云三
年則大比而興賢者能者鄭云賢者有德行者能者有道藝
者云食稍食也者月給食不并給故云稍食也云賢者既爵
乃祿之者以經先云以德詔爵後云詔祿也云能者事成乃
食之者以經先云詔事久乃定之以食也此二者互見其事
自古以事任之者皆試乃爵之則賢者有先試之以事乃後
詔爵能者既試有功亦授之以爵所以賢者先言正爵能者
先言試事者欲見尊敬賢者故先言正爵卑退能者先言試
事故鄭云賢者既爵乃祿之能者事成乃食之也引王制者
欲見能者須試乃授正爵之義云辨論官材者司馬使司士
分辨其論官其材之法云論進士之賢者以告於王而定其
論者云進士者謂學中之造士業成可進受官爵升之於司
馬則曰進士司馬乃試論量考知賢者告王乃定其論云論
定然後官之者謂試官也云任官然後爵之者謂正爵也云
位定然後祿之者謂正祿也此即先試乃爵之事也

惟賜無常賜多少由王不如祿食有常品【疏】注賜多至常品○釋曰按司勳云凡賞無常輕重視功彼謂有動勞據功大小與之賞此不據功但時王有恩而賜之故

多少由王不由功大小也云不如祿食有常品者按王制下
士視上農夫食九人中士倍下士上士倍中士大夫倍上士
之等是祿有常品上云以久
奠食稍食亦月月有常品也

正朝儀之位辨其貴賤之等王南鄉三公北面東上孤東面北上卿大夫西面北上王族故士虎士在路門之右南面東上大僕大右大僕從者在路門之左南面西上

此王日視朝事於路門外之位王族故士
故爲士晚退留宿衛者未嘗仕雖同族不
得在王宮大右司右也大僕從者小臣祭僕御僕隸僕○正
朝直遥反注下皆同後內朝外朝朝聘朝覲視朝朝位之類
倣此以意求之鄉許亮反下注同
大音泰下倣此宿音夙劉息就反

【疏】正朝至西上○釋曰
經所云上者皆據近
王爲上不據陰陽左右也○注此王至隸僕○釋曰云此王
日視朝事於路門外之位者對彼大僕職路寢庭有燕朝朝
士職庫門外有外朝而言也但彼外朝斷獄弊訟并三詢之
朝有諸侯在焉諸侯既在西方右九棘之下孤避之在東方

羣臣之位西面也其餘三公卿大夫等仍與此位同也云王族故士故爲士者此云故爲士對新升試士未得正爵者爲新士不得留宿衛也云晚退留宿衛者宿衛之人皆不得與凡平羣臣同時出故云晚退留宿衛必知此故士是宿衛者以其與虎士同位。是宿衛者也云未常仕雖同族不得在王宫者以經稱王族故士明未仕者不得在王宫也知大右是司右者按司右掌羣右此云大右是右中之大明是司右也知大僕從是小臣祭僕之等者以其云大僕從者謂從大僕按大僕職下即有小臣祭僕御僕隸僕等皆是小臣已下者也

司士擯詔王出揖公卿大夫以下朝者○擯必刃反

（疏）注詔王至朝者○釋曰知擯是詔王出揖公卿大夫以下朝者以其王迎諸侯爲擯是大宗伯及小行人肆師之等非司士之職此上文云公卿大夫士等朝事下文云王揖此中間云司士擯明爲詔王出揖之事也

孤卿特揖大夫以其等旅揖士旁三揖王還揖門左揖門右特揖一一揖之旅衆也大夫爵同者衆揖之公及孤卿大夫始入門右皆北面東上王揖之乃就位羣士及故士大僕之屬發在其位羣士位東面王西南鄉而揖之三揖者士有上中下王揖之皆逡

遁既復位鄭司農云卿大夫士皆君之所揖禮注特揖春秋傳所謂三揖在下〇逡遁七旬反下音巡

【疏】注在下釋曰此皆先入應門右北面其士入應門即就西方東面位不待王揖其大夫已上皆待王揖乃就位也云特揖一一揖之者對旅揖衆揖之也孤得揖乃就西方東面位卿得揖乃就東方西面位大夫得揖乃就卿後西面位云大夫爵同者衆揖之者序官有中大夫下大夫無問多少但爵同者衆揖之爵同中大夫同得一揖爵同下大夫同得一揖故云爵同者衆揖之也云公及孤卿大夫始入門右皆北面東上者此王臣無正文約燕禮大射諸侯禮卿大夫皆始入門右北面東上得揖乃就位士發在其位故知王臣亦然是以鄭云王揖之乃就位羣士及故士六僕之屬發在其位者若在外朝士從東方西面也云羣士士位東面王西南鄉而揖之者但上經不見羣士位鄭知羣士士位東面者亦約燕禮大射諸侯之士西廂東面而知且約故士虎士宿衛者門西南面明士不宿衛者東面可知位既東面明知旁三揖者西南鄉揖之云三揖者士有上中下者序官文既有三等故旁三揖耳按禮器有以少為貴者諸侯視朝大夫特士旅之此云大夫旅與彼不同者彼諸侯臣少大夫與卿同特揖士乃旅揖之此天子臣多故大夫亦旅揖亦是以少為貴也云王揖之皆逡遁

者約鄉常而知云既復位者謂得揖乃皆復位也若然上文別三公位及此經不言三公直言孤卿者亦舉輕以明重孤卿尚特揖明三公亦特揖可知故不見三公也先鄭引春秋者哀二年左氏傳初衛侯遊於郊子南僕公曰余無子將立女不對他日又謂之對曰郢不足以辱社稷君其改圖君夫人在堂三揖在下君命祗辱注云三揖卿大夫士引之者證所揖尊卑不同

大僕前　前正王視朝之位（疏）注前正至之位○釋曰鄭知前謂前正王視朝之位者以大僕職云王視朝則前正位而退入亦如之上文引大僕位在門左南面今云前明從本位前就王正視朝之位可知也

王入內朝皆退　王入入路門也王入路門內朝朝者皆退反其官府治處也王之外朝則朝士掌焉玉藻曰朝服以日視朝於內朝朝辨色始入君日出而視之退適路寢聽政使人視大夫大夫退然後適小寢謂諸侯也王日視朝皮弁服其禮則同（疏）注王入至則同○釋曰王視朝訖王入路門於路寢聽事其羣臣等各退向治事之處云王之外朝則朝士掌焉者鄭欲見天子諸侯皆有三朝之意玉藻諸侯禮云朝於內朝者謂路門外朝爲內朝對皋門內應門外朝爲外朝通路寢庭朝爲三朝故朝士職注云周天子諸侯皆三朝外朝一內朝二也云王

日視朝皮弁服者司服職云眡諸侯視朝朝服則玄冠緇布衣素裳緇帶素韠也云其禮則同者天子諸侯惟服別其視朝之禮則同也

掌國中之士治凡其戒令國中城中疏注國中城中○釋曰云國中之士治者謂朝廷之臣及六鄉之臣皆是所有治功善惡皆掌之以擬黜陟此城中士則卿大夫摠皆號爲士若濟濟多士文王以寧之類但此同士士既摠屬則此一職士者皆臣摠號惟有作事適四方使爲介士者是單士不兼卿大夫故引石尚證又作六軍之士是甲士自餘皆臣之摠號耳

掌擯士者膳其摯擯士告見初爲士者於王也鄭司農云膳其摯者王食其所執羔鴈之摯玄謂膳者入於王之膳人○見賢遍反食如字劉音嗣疏注擯士至膳人○釋曰此云士亦是卿大夫士摠號爲士云擯士告見初爲士者於王也者謂初得命爲卿大夫士執摯見於王司士擯相之使得見王也先鄭云膳其摯者王食其所執羔鴈之摯後鄭增成其義也云膳者入於王之膳人故其職云凡祭祀致福受而膳之以摯見者亦如之是也

凡祭祀掌士之戒令詔相其灋事及賜爵呼昭穆而進

之賜爵神惠及下也此所賜王之子姓兄弟祭統曰凡賜爵昭爲一穆爲一昭與昭齒穆與穆齒凡羣有司皆以齒此之謂長幼有序○相息亮反昭上招反後同長丁丈反[疏]凡祭至進之○釋曰云凡祭祀掌士之戒令者謂羣臣有事於祭祀皆掌其齊戒告令也云詔相其法事者謂告之語幷擯相其行禮之事云及賜爵者謂祭末旅酬無算爵之時皆有酒爵賜及之皆以昭穆爲序也○注賜爵至序也○釋曰鄭知賜爵神惠及下者祭統云祭有十倫之義凡賜爵昭爲一穆爲一是神惠及下也云此所賜王之子姓兄弟者以其呼昭穆而進之云昭穆明非異姓是同姓可知姓生也子之所生則孫及兄弟皆有昭穆引祭統是諸侯法明天子亦然凡言昭穆在助祭之中者皆在東階之前南陳假令祖行爲昭子行爲穆孫行還爲昭曾孫行還爲穆就昭穆之中皆年長者在上年幼者在下故云齒也帥其屬而割牲羞俎豆割牲制體也羞進也[疏]帥其至俎豆○釋曰此割牲兼羞俎豆不言祭祀享食之事則凡有割牲及進俎豆者皆爲之○注割牲至進也○釋曰言割牲制體也者若據祭祀則禮運云腥其俎孰其殽體其犬豕牛羊之類鄭彼注云腥其俎謂豚解而腥之爲七體是也孰其殽謂體解而爓之爲二十一體是也體

其犬豕牛羊鄭云謂分別骨肉之貴賤以爲衆俎也更破使多執而薦之若據饗則左氏傳云王饗有體薦燕有折俎是也

凡會同作士從賔客亦如之作士從謂可使從於王者○從才用反注并諸子職同

疏注作士至王者○釋曰云作士從者謂選可使從於王者此士亦謂卿大夫皆是也

作士適四方使爲介士使謂自以王命使也介大夫之介也春秋傳曰天王使石尚來歸脤○介使色吏反又如字注士使命使使同介音戒脤上軫反

疏注士使至歸脤○釋曰云士使謂自以王命使也者此即行夫職云美惡而無禮者即有使士特使法即使士與行夫等共行是以引石尚之事爲證云介大夫之介也者謂聘禮大夫爲次介其餘皆士介天子使大夫下聘諸侯亦使士爲介若使卿大夫則射人作之故射人云有大賔客作卿大夫從注云作者使從王見諸侯彼雖不云會同明會同亦與賔客同可知也春秋者左氏公羊皆有其事故公羊云石尚者何天子之士也注云天子上士以名氏通是也

大喪作士掌事事謂奠斂之屬○斂力艷反○

疏注事謂奠斂之屬○釋曰始死則有奠及至小斂大斂朝夕朔月月半薦新遷廟祖奠大遣奠等皆是未葬已

前無尸不忍異於生皆稱奠葬後反日中而虞有尸即謂之爲祭此經直云事不云祭祀明據奠斂之屬也

作

六軍之事執披作謂使之也披柩車行所以披持棺者有紐以結之謂之戴鄭司農云披者扶持棺險者也天子旁十二諸侯旁八大夫六士四玄謂結披必當棺束於束繫紐天子諸侯載柩三束大夫士二束喪大記曰君纁披六大夫披四前纁後玄士二披用纁人君禮文欲其數多圍數兩旁言六耳其實旁三○披方寄反注同

疏注作謂至旁三○釋曰云六軍之士者即六鄉之民以其鄉出一軍六鄉故名六軍之士也但鄭以天子千八而云六軍者以天子千人出自六軍故號六軍之士非謂執披有七萬五千八也云披柩車行所以披持棺者柩車則蜃車云披者車兩旁使人持之若四馬六轡然故名持棺者爲披也云有紐以結之謂之戴者喪大記云纁戴者是也先鄭云披者扶持棺險者也者先鄭意蜃車行恐逢道險者有傾覆故云扶持棺險也云天子旁十二諸侯旁八大夫六士四者無所依據後鄭不從玄謂結披必當棺束於束繫紐者謂蜃車兩旁皆有柳材其棺皆以物束之故云天子諸侯載柩三束大夫士二束彼喪大記不言天子此言者欲見天子無文約與諸侯同也謂之戴者彼大記注云戴之言值也所以

連繫棺束與柳材使相植因而結前後披也披結於紐故引喪大記君纁披六已下其蜃車柳材與中央棺束數等八君三大夫士二大記云君纁披六大夫四披者皆是禮文故圍數兩旁言六言四也士禮小無文故據一旁而言二若然大夫亦圍數兩旁言四直云八君者據尊者而言也

凡士之有守者令哭無去守守官不可空也○守劉守又反下皆同

疏注守官不可空也○釋曰此文承大喪之下令哭無去守則大夫士有使役守當雖同爲天子斬衰不可廢事空官故令哭不得去守也

國有故則致士而頒其守故非喪○則兵災

疏注故喪則兵災○釋曰知非喪者以上文已言大喪明此是兵災非喪也

凡邦國三歲則稽士任而進退其爵祿任其所掌治

疏注任其所掌治○釋曰此言稽士任文承邦國即是邦國之卿大夫士揔曰士也據其所任治而進退其爵祿但諸侯之臣進退應是諸侯當國爲之今於天子司士而言者但司士作法與之使諸侯自黜陟耳非謂司士自黜陟也

諸子掌國子之倅掌其戒令與其教治辨其等正其位故書倅爲卒鄭司農云卒讀如物有副倅之倅國子謂諸侯卿大夫士之子也燕義曰古者周天子之官有庶子官與周官諸子職同文玄謂四民之業而士者亦世爲國子者是公卿大夫士之副貳戒令致於大子之事教治脩德學道也位朝位○倅七內反治直吏反注同大子音泰下注同〔疏〕釋曰云掌國子之倅者倅謂副代父者也○注故書至朝位○釋曰先鄭云國子謂諸侯卿大夫士之子也者王制云王大子王子羣后之大子卿大夫元士之適子皆造焉則王大子王子亦曰國子不言者彼不據諸子職而言故含有王大子王子亦以四術成之故文王世子成王猶在學學君臣父子長幼之禮也此據諸子主國子致與天子使用故不得通王大子王子也引燕義云古者周天子之官有庶子官與周官諸子職同文者彼燕義本釋燕禮之事但燕禮有庶子執燭及獻庶子之文更不見餘義故記人欲釋燕禮庶子之義故取天子諸子職解庶子諸庶俱訓爲衆天子之諸子諸侯之庶子皆掌卿大夫士之適子適子衆多故云諸或言庶諸庶通名故天子諸子爲庶子也玄謂四民之業而士

者亦世焉者此齊語桓公謂管仲曰成民之事若何管仲對曰民無使雜處公曰處士農工商若何管仲曰昔者聖王之處士就閑燕處工就官府處商就市井處農就田野少而習焉其心安焉桓公曰士之子恒爲士農之子恒爲農工之子恒爲工商之子恒爲商是四民之業爲世也引之者見士之子亦入倅色也按王制大夫不世今亦有倅入世者以大夫有功德亦得世故詩云凡周之士不顯亦世也云國子者是公卿大夫士之副貳者增成先鄭義云戒令致於大子之事者即下文是也云教治脩德學道也者云教故知脩德學道也經云辨其等謂才藝高下等級也國子所學道德即師氏職三德三行并保氏六藝者是也云位朝位者謂朝大子時依父蔭高下爲列也

國有大事則帥國子而致於大子惟所用之若有兵甲之事則授之車甲合其卒伍置其有司以軍灋治之司馬弗正 軍法百人爲卒五人爲伍弗不也國子屬太子司馬雖有軍事不賦之○卒子忽反前後注及下皆同正音征下國正同

疏 國有至弗正○釋曰云大事下有兵甲之事則此大事謂祭祀也故

左氏傳云國之大事在祀與戎此經二事當之也○注軍法至賦之○釋曰軍法從五人爲伍至萬二千五百人爲軍有六節今注直云百人與五人略舉之耳云不賦之解經正爲賦稅謂不賦田稅泉稅者也 凡國正弗及〔疏〕凡國正弗及○釋曰上文云弗正謂兵賦此云國正謂鄉遂之中所有旬徒力征之等並不及也

大祭祀正六牲之體 正謂禮載之〔疏〕注正謂禮載之○釋曰按特牲少牢移鼎入陳即有一人鼎中匕出牲體一人在鼎西北面載之於俎既言正六牲之體明是此二事也 凡樂事正舞位授舞器 位佾處〔疏〕注位佾處○釋曰云凡樂事者則諸作樂有舞之處皆使正舞人入八六十四人之位并授舞者之器文舞則授羽籥武舞授干鍼之等云位佾處者即謂天子八佾諸公六佾諸侯四佾之等也 大喪正羣子之服位會同賓客作羣子從 從於王〔疏〕注從於王○釋曰云大喪正羣子之服位者位謂在殯宮外內哭位也正其服者公卿大夫之子爲王斬衰與父同故雜記大夫之子得行大夫禮故也云會同賓客作羣子從者作使也使國子從王也 凡

國之政事國子存遊倅使之脩德學道春合諸學秋合諸射以攷其藝而進退之遊倅倅之未仕者學大學也射射宮也王制曰春秋教以禮樂冬夏教以詩書王太子王子羣后之太子卿大夫元士之適子國之俊選皆造焉○適丁歷反【疏】凡國至退之○釋曰云凡國之政事者謂國內有繇役之事皆是也云國子存遊倅使之脩德學道者謂國有事時此國子存遊暇無事之倅中使脩德學道二事也云春合諸學者謂明於大學之中教之學也云秋合諸射者使在射宮習射也云以考其藝者考校才藝長短云而進退之者才藝長進與官爵才藝短者退之使更服膺受業也○注遊倅至造焉○釋曰倅是副代已是未在仕復云遊游是游暇亦是未仕之稱云學大學也者周禮若言異代之學則舉其學名則成均瞽宗之類今此直言學明是周之大學也周禮云大學在國中即夏后氏東序在王宮之左也云射射宮也者射義云已射於澤然後射於射宮射宮即國之小學在西郊則虞庠是也王制曰春秋教以禮樂冬夏教以詩書者按彼鄭注云春夏陽也詩樂者聲聲亦陽也秋冬陰也書禮者事事亦陰也因時順氣於功易成也云王太子

王子羣后之大子卿大夫元士之適子國之俊選皆造焉者若王之子得適庶俱在學若羣后畿內諸侯已下則庶子賤不得在學故皆云適子也引之者證貴賤皆在教科也

司右掌羣右之政令 羣右戎右齊右道右○齊側皆反 疏 注羣右至道右 釋曰知司右主此三右者按下文云車有五等右惟三故下注云齊右兼玉路之右戎右兼田右等也

凡軍旅會同合其車之卒伍而比其乘屬其右 合比屬謂次第相安習也車亦有卒伍○比毗志反注同乘繩證反屬音燭注皆屬同 疏 注合比至卒伍 釋曰右軍旅據征伐會同謂時見曰會殷見曰同三者皆合車之卒伍云合比屬謂次第相安習也者皆謂教習使安穩也云車亦有卒伍者按宣十二年傳云其君之戎分爲二廣廣有一卒卒偏之兩司馬法曰二十五乘爲偏又云以百二十五乘爲伍注伍重故百二十五乘是其車之卒伍也

凡國之勇力之士能用五兵者屬焉掌其政令 勇力之士屬焉者選右當於中司馬法曰弓矢圍殳矛守戈戟助凡

五兵長以衛短短以救長○殳音殊〔疏〕注勇力至救長○釋曰云勇力之士屬焉者選右當於中者但車右須得勇力之士若選右不於中何因屬司右故鄭爲此釋也引司馬法曰弓矢圍者圍城時也殳矛守者守城時也戈戟助者謂圍守皆用戈戟助之云凡五兵長以衛短短以救長者圍者以弓矢爲長戈戟爲短守者亦以戈戟爲短以殳矛爲長故云長以衛短短以救長使力相得也此五兵據勇力之士所用下注車之五兵則無弓矢而有夷矛是也

虎賁氏掌先後王而趨以卒伍王出將虎賁士居前後雖羣行亦有局分○賁音奔劉方問反先後悉薦反下戶豆反又皆如字將子匠反分扶問反〔疏〕虎賁至卒伍○釋曰鄭云王出將虎賁士居前後雖羣行亦有局分者以經云卒伍則是五人爲伍百人爲卒又按序官云虎賁氏下大夫二人中士十有二人府二人史八人胥八十人虎士八百人是其雖羣行亦有局分置卒伍是也

軍旅會同亦如之舍則守王閑舍王出所止宿處閑梐枑○梐薄禮反枑戶故反〔疏〕注舍王至梐枑○釋曰鄭云舍王出所止宿處者按掌舍云掌王之會同之舍則設梐枑再重杜子春以爲行馬後鄭云行馬再重

者以周衛有外內列校人職養馬曰閑是其閑**王在國則**
輿梐枑皆禁衛之物故以閑爲梐枑釋之也
守王宮爲周衛〔疏〕注爲周衛○釋曰在外守王閑爲周衛明在國亦爲周衛也**國有**
大故則守王門大喪亦如之非常之難要在門○難乃旦反〔疏〕
注非常至在門○釋曰大故謂兵災大喪謂王
喪二者皆是非常之難須警備故云要在門也**及葬從**
遣車而哭遣車王之魂魄所馮依○從才用反下幷節服氏從車從尸車同馮皮冰反〔疏〕
注遣車至馮依○釋曰遣車者將葬盛所苞奠遣送者之車
其車內既皆有牲體故云王之魂魄所馮依遣車多少之數
天子無文按雜記云遣車視牢具鄭注云多少各如所苞遣
奠牲體之數按檀弓云國君七个遣車七乘大夫五个遣車
五乘鄭云諸侯不以命數喪數略也士無遣車大夫五乘諸
侯七乘天子宜九乘故鄭注雜記云天子大牢苞九个遣車
九乘苞肉皆取大遣奠之牲體天子大牢外更用馬牲皆前
脛折取臂臑後脛折取骼○肩斷各九个皆細分其體以充數
也
適四方使則從士大夫虎士從使者○使所吏反注及下同〔疏〕虎注

士從使者○釋曰天子有下聘諸侯法大行人所云歲徧問之等時則使虎賁從行也**若道路不**不通逢兵寇若泥水奉書徵師役也**通有徵事則奉書以使於四方**春秋隱七年冬戎伐凡伯于楚丘以歸〈疏〉注不通至以歸○釋曰云奉書徵師役也者若兵寇則徵師若泥水則徵役引春秋者按左氏傳云初戎往朝周周大夫皆發禮禮戎惟凡伯不禮焉後凡伯至魯戎則要而伐之故云戎伐凡伯於楚丘以歸是其事也

旅賁氏掌執戈盾夾王車而趨左八人右八人車止則持輪夾王車者其下士也下士十有六人中士爲之帥焉○○盾常準反又音允夾古洽反劉古協反後倣此〈疏〉注夾王至帥焉○釋曰知夾王車是下士十六人者見序官云旅賁氏中士二人下士十有六人此經左右十六人故知是旅賁氏之下士也中士是官首明爲之帥也**凡祭祀會同賓客則服而趨**服而趨夾王車趨也會同賓客王亦齊服服衮冕則此士之齊服服玄端〈疏〉

注服而至玄端○釋曰知服而趨是夾王車者約上文夾王車而趨故知也云會同賓客王亦齊服服衮冕者見下文節服氏云掌祭祀朝覲衮冕鄭云從王服朝覲服衮冕則會同賓客亦服衮冕故覲禮天子衮冕負黼扆是也云則此士之齊服服玄端者若士助祭服爵弁此爲會同故齊服服玄端

喪紀則衰葛執戈盾葛葛絰武士尚輕○衰七雷反〔疏〕注葛葛至尚輕○釋曰臣爲王貴賤皆斬衰斬衰麻絰至葬乃服葛今王始死即服葛故云武士尚輕

軍旅則介而趨介被甲○介音戒被皮寄反〔疏〕注介被甲○釋曰在軍爲甲士著甲餘者不服甲但此旅賁勇士衛王故被甲而趨也

節服氏掌祭祀朝覲衮冕六人維王之太常服衮冕者從王服也維維之以縷王旍十二旒兩兩以縷綴連旁三人持之禮天子旍曳地鄭司農云維持之〔疏〕注服衮至持之○釋曰云服衮冕者從王服也者以其節服氏者世能節王之衣服明節服服所服與王同故云從王服也云維維之以縷者以其言維維是連綴之名故知用縷連綴之也云王旍十二旒者巾車云玉路建太常十有二旒經云

六人維之明一畔有三人三人維六旒故知兩兩以縷連旁三人持之云禮天子旌曳地者禮緯文引之者若不遣維持之則旒曳地故也

諸侯則四人其服亦如之郊祀裘冕二人執戈送逆尸從車

裘冕者亦從尸服也裘大裘也凡尸服卒者之上服從車從尸車送逆之往來春秋傳曰晉祀夏郊董伯爲尸

〔疏〕諸侯至從車○釋曰依禮緯含文嘉云天子旌九刃十二旒曳地諸侯七刃九旒齊軫大夫五刃五旒齊較士三刃三旒齊首彼或異代法故旒不依命數周之諸侯之旌皆交龍爲之上公九旒侯伯則七旒子男則五旒今摠云四人則不得兩兩維之但一畔有二人分而維之見威儀耳云其服亦如之者節服氏之服亦與諸侯同諸侯惟二王後與魯得祭天服袞冕其餘諸侯惟得祭宗廟服玄冕節服氏皆與君同服故云其服亦如之○注裘冕至爲尸○釋曰尸服與王同大裘節服氏亦大裘故二人皆裘冕執戈送逆尸云從車者送逆皆從尸車後云凡尸服卒者之上服者按士虞記云尸服卒者之上服注云上服如特牲士玄端也不以爵弁服爲上者祭於君之服非所以自配鬼神彼據臣卒者上服以家祭上服不言用助祭服此據王自然用卒者家祭上服服大裘也引春

秋傳者是外傳晉語文

方相氏掌蒙熊皮黄金四目玄衣朱裳執戈揚盾帥百隸而時難以索室敺疫蒙冒也冒熊皮者以驚敺疫癘之鬼如今魌頭也時難四時作方相氏以難卻凶惡也月令季冬命國難索室敺疫也○難乃多反注同敺起俱反魌音欺〔疏〕注蒙冒至疫也○釋曰云時難四時者按月令惟有三時難是以月令季春云命國難○以季春日歷大梁有大陵積尸之氣與民爲厲命有國皆儺○仲秋云天子乃難時斗建酉亦有大陵積尸之氣此月儺○陽氣陽氣至此不止害將及人惟天子得儺○諸侯亦不得季冬云乃命有司大儺言大則及民庶亦儺○惟有此三時儺○鄭云四時者難三時亦得云四時總言之也若然此經所儺○據十二月大儺而言是以鄭引季冬爲證也鄉黨鄉人儺郊特牲云鄉人禓亦皆據十二月民庶得儺而言也大喪先匶葬使之道○先匶悉薦反下音柩道音導下同〔疏〕注葬使之道○釋曰喪所多有凶邪故使之導也及墓入壙以戈擊四隅敺方

良壙穿地中也方良罔兩也天子之椁柏黃腸爲裏而表以石焉國語曰木石之怪夔罔兩○壙苦晃反又音曠方良上音罔下音兩注同又並如字夔求龜反【疏】注壙穿至罔兩○釋曰必破方良爲罔兩者入壙無取於方良之義故也云天子之椁柏黃腸爲裏而表以石焉者欲見有罔兩之義故引漢法爲證又檀弓云天子柏椁以端長六尺言椁柏則亦取柏之心黃腸爲椁之裏故漢依而用之而表之以石古雖無言漢亦依古而來蓋周時亦表以石故有罔兩也云國語者按國語水之怪龍罔象上之怪夔罔兩則知方良當爲罔兩也

大僕掌正王之服位出入王之大命服王舉動所當衣也位立處也出大命王之教也入大命羣臣所奏行【疏】注服王至奏行○釋曰云服王舉動所當衣也者謂王吉服有九隨事舉動而衣大僕親逆王所之官故王之衣服及位處恐其不正故皆正之也云位立處也者王之起居無常或起居行事之時多以立爲正故以立處言之也云出大命王之教也者一日萬機有其出者皆是王之教也云入大命羣臣奏行者謂羣臣奉行王命報奏者皆是也

掌諸侯之復逆鄭司農云復謂奏事也逆謂受下奏

疏 注鄭司至下奏○釋曰按宰夫職云諸臣之復萬民之逆先鄭云復請也逆迎受王命者亦謂復之言報也反也反報於王謂朝廷奏事自下而上曰逆逆謂上書先鄭彼注與此不同者先鄭兩解故彼後鄭不從至此注先鄭於義是故後鄭從之此說先鄭云復謂奏事即彼後鄭云復謂朝廷奏事一也此先鄭云逆謂受下奏即彼後鄭云自下而上曰逆謂上書亦一也

王眡朝則前正位而退入亦如之 前正位而退道王王既立退居路門左待朝畢

疏 注前正至朝畢○釋曰云前正位而退道王王既立退居路門之左待朝畢者此即上司士所云大僕前亦一也大僕本位在路門之左今進前正位訖還退在本位故云退居路門左也云待朝畢者欲入亦如之王退入路寢聽事時亦前正王位御位立也

建路鼓于大寢之門外而掌其政 大寢路寢也其門外則內朝之中如今宮殿端門下矣政鼓節與早晏

疏 注大寢至早晏○釋曰此鼓所用或擊之以聲早晏或有窮遽者擊之以聲寃枉也故建之於正朝之所也云大寢路寢也者欲見在路寢門外正朝之處云其門外則內朝之中者按玉藻云視朝於內朝羣臣辨色始入彼諸侯禮天子亦然

若據文王世子亦得謂之外朝故文王世子云其朝於公內朝臣有貴者以齒其在外朝則以官彼以路門外爲外朝者對路寢庭朝爲外朝其實彼外朝亦內朝耳以其天子諸侯皆內朝二外朝一旣以三槐九棘朝爲外朝一明此內二者皆內朝也

以待達窮者與遽令聞鼓聲則速逆御僕與御庶子

鄭司農云窮謂窮冤失職則來擊此鼓以達於王若今時上變事擊鼓矣遽傳也若今時驛馬軍書當急聞者亦擊此鼓令聞此鼓聲則速逆御僕與御庶子也大僕主令此二官使速逆窮遽者玄謂窮達者謂司寇之屬朝士掌以肺石達窮民聽其辭以告於王遽令郵驛上下程品御僕御庶子直事鼓所者大僕聞鼓聲則速逆此二官當受其事以聞○遽其御反冤於元反上變時掌反傳張戀反下文同急聞如字劉音問肺方廢反令力呈反郵音尤

疏以待至庶子○釋曰云以待者大僕在王所恒於路寢之中若有窮者及遽令二者來擊此鼓其御僕御庶子直在鼓所者則入告大僕迎此二官以所告之事白王故云聞鼓聲則速逆御庶子也○注鄭司至以聞○釋曰先鄭以令字下讀爲句云大僕主令此二官使速逆窮遽二者後鄭不從者若使御僕御庶子迎窮與遽則二官自白

士不告于大僕事何得在大僕職乎者以是故後鄭以爲大僕聽其辭自白王後鄭以達窮是朝士者以其朝士職有在肺石達窮民窮民先在肺石朝士達之乃得擊鼓故本之也知御僕御庶子直事鼓所者見御僕云以序守路鼓云御庶子者蓋以御僕有下士十二人分之爲御庶子揔名曰御僕也

祭祀賓客喪紀正王之服位詔灋儀贊王牲事

詔告也牲事殺割匕載之屬

〔疏〕注詔告至之屬○釋曰經三事皆有法度威儀故須大僕告之云牲事殺割者言殺據祭祀之時王親自射牲故司弓矢云共王射牲之弓矢注云射牲示親殺殺牲非尊者所親惟射爲可殺時大僕及射人大宰等皆贊之國語云禘郊之事天子必親自射牲彼據祭天司弓矢云凡祭祀言凡語廣則祭社稷宗廟亦射牲也知有割牲者郊特牲云君肉袒親割敬也注云割解牲體禮器云君親割牲夫人薦酒注云親割謂進牲孰體時祭統亦云君執鸞刀羞嚌彼據諸侯明天子亦然云匕載者按易震卦彖云震驚百里不喪匕鬯注云雷發聲百里者諸侯之象人君於祭祀之禮匕牲爲鬯而已其餘不親彼諸侯親匕明天子亦然是以大僕得有贊牲之事 王少牢不親匕下人君故也特牲親匕者士卑不嫌也

出入則自左馭而前驅前驅如今道引也道而居左自馭不參乘辟王也亦有車右焉○乘繩證反辟音避劉符亦反〔疏〕注前驅至右焉○釋曰云王出入者謂朝覲會同并凡祭祀巡狩征伐皆是大僕則在車左不敢使人馭自馭而前驅也若使人馭馭在中央身無事居左大尊故自馭也知亦有車右者以車右恐車傾覆備非常雖無尊者亦宜有車右勇力者也

凡軍旅田役贊王鼓王通鼓佐擊其餘面〔疏〕凡軍至王鼓○釋曰軍旅謂征伐田役謂田獵王皆親鼓故大僕贊之○注王通至餘面○釋曰云王通鼓者謂王親將軍衆待王擊乃擊之謂若鼓人云金鐸通鼓之類也云佐擊其餘面者按大司馬云王執路鼓路鼓四面面鼓將居鼓下則前面不得擊之惟有三面今之此大僕佐擊一面戎右亦云贊王鼓則亦擊一面通王自擊一面是三面也若然王與御者并戎右已有三人今更有大僕則駟乘按文十一年侯叔夏御莊叔緜房甥爲右富父終甥駟乘彼注云駟乘四人共車與此同也

救日月亦如之日月食時春秋傳曰非日月之眚不鼓○眚色景反〔疏〕注日月至不鼓○釋曰云亦如之者大僕亦贊王鼓佐擊其餘面但日食陰侵陽當與鼓神祀同用

靁鼓也若然月食當用靈鼓但春秋記日食不記月者以日食陰侵陽象臣侵君非常故記之月食陽侵陰象君侵臣故不記此云救日月食時亦擊鼓救可知云春秋者左氏莊二十五年日有食之鼓用牲於社彼傳鼓與牲並譏之以彼傳云惟正月之朔慝未作日月之食於是乎用幣于社伐鼓于朝若然惟四月正陽之月乃擊鼓彼四月不合擊鼓之月天災有幣無牲故亦譏之也彼傳又云秋大水鼓用牲于門亦非常傳曰非日月之眚不鼓若然此言爲秋大水擊鼓而故引之者欲見日月食時皆合擊鼓與此文同也

大喪始崩戒鼓傳達于四方窆亦如之

戒鼓擊鼓以警衆也故書戒爲駭鄭司農云窆謂葬下棺也春秋傳所謂日中而塴○禮記謂之封皆葬下棺也音相似窆讀如慶封汜祭之汜○窆彼驗反注之封音同劉皆逋鄧反塴補鄧反汜芳劒反

〔疏〕注戒鼓至之汜○釋曰言大喪謂王喪始崩云戒鼓謂擊鼓以警戒警戒衆人傳達于四方謂以鼓聲相傳聞達四方窆葬之時亦如始崩也引春秋者左氏昭公十二年傳云葬鄭簡公云毀之則朝而塴不毀則日中而塴禮記謂之封者喪大記與檀弓皆以下棺爲封字云音相似者字雖不同皆作窆音云讀如慶封汜祭之汜者慶封齊大夫有罪

來奔魯魯以饗食之祭先遂覆豆以祭謂之汜祭但彼汜字只取廣汜之義鄭意讀㳄與汜爲音同義則異也**縣衰首服之灋于宮門**首服之法謂免髽笄總廣狹長短之數縣其書于宮門示四方○縣音玄注同免音問髽莊瓜反〈疏〉注首服至四方○釋曰鄭知首服之法是免髽笄總廣狹長短之數者按小宗伯已云縣衰冠之式于路門之外注云制色宜齊同彼云冠專據男子云衰則兼婦人此云首服明無衰與男子冠直是婦人首服故知惟有免髽笄總耳但始死將斬衰者男子笄纚深衣婦人麻髽并笄總是以喪服斬衰章云女子竹箭笄髽衰三年將齊衰以下者始死男子免婦人布髽也云廣狹長短者鄭注禮記云免蓋象冠廣一寸婦人笄齊衰榛木斬衰箭竹爲之也云縣其書於宮門示四方者小宗伯云縣于路門此宮門亦路門也**掌三公孤卿之弔勞**王使往○勞力報反下同勞後弔勞皆同〈疏〉注王使往○釋曰此等皆王合親往今使大僕者或王有故不得親往故使大僕也**王燕飲則相其灋**相左右○相悉亮反注及下并注同〈疏〉注相左右○釋曰此燕飲謂與諸侯燕若公三燕侯伯再燕子男一燕之等或與羣臣燕御僕職同

之等皆是其法有主人酌酒獻賓賓酢主人主人酬賓洗爵升降之法皆左右相助王故云相其法也　王射則贊弓矢　贊謂授之受之〈疏〉注贊謂授之受之○釋曰此謂大射也按大射禮云大射正執弓小臣受矢於公既射大射正受弓天子之禮則大僕授受其法與彼同必知此禮大射禮者見小臣職云賓射掌事如大僕之法則知大射此大僕所掌者是也其小臣所掌賓射亦當授受可知　王眡燕朝則正位掌擯相　燕朝朝於路寢之庭王圖宗人之嘉事則燕朝〈疏〉注燕朝至燕朝○釋曰以其路寢安燕之處則謂之燕朝以其與賓客饗食在廟燕在寢也但爲賓客及臣下燕時亦有朝鄭必以王圖宗人嘉事爲燕朝者以其因燕而朝賓臣燕禮已有成文圖宗人嘉事者朝不見故鄭特見之云圖宗人嘉事者謂宗人冠婚嘉禮之等皆曰嘉事　王不眡朝則辭於三公及孤卿　辭謂以王不視朝之意告之春秋傳曰〈疏〉注辭謂至視朔○釋曰引春秋者文公有疾不視朔　十六年公四不視朔時齊有會公辭疾不往遂不視朔故傳曰公有疾不視朔引之者證不視朝亦是有故不視之意也

小臣掌王之小命詔相王之小灋儀小命時事所勑問也小法儀趨行拱揖之容〈疏〉注小命至之容○釋曰大僕所云大命及祭祀賓客詔相之者是大此小臣大僕之佐故掌其小者也云趨行拱揖之容者謂若趨以采薺行以肆夏天子揖同姓之等皆有容儀而詔相之掌三公及孤卿之復逆正王之燕服位謂燕居時也王藻曰王卒食玄端而居〈疏〉掌三至服位○釋曰諸侯是賓客其復逆大僕尊官掌之三公孤卿是臣在朝廷故小臣掌也○注謂燕至而居○釋曰云燕服位者謂在路寢中聽事訖適後小寢燕居之時故引王藻卒食玄端而居爲證彼在路寢中食訖退適燕寢服玄端朱裳而居之王之燕出入則前驅燕出入若今游於諸觀苑○觀古喚反〈疏〉注燕出至觀苑○釋曰此私燕出入不要在燕寢中故鄭引漢法游於諸觀苑證之大祭祀朝覲沃王盥〈疏〉大祭至王盥○釋曰云大祭祀朝覲沃王盥者大祭祀天地宗廟酌是王將獻尸先盥手洗爵乃酌獻故小臣爲王沃手盥手也小祭祀賓客饗食

賓射掌事如大僕之灋賓射與諸侯來朝者射○盥音管〔疏〕小祭至之法○釋曰祭祀云小則賓客饗食皆蒙小字若然饗還爲小賓客者也小賓客謂諸侯遣臣聘問天子者也賓射對大射亦爲小也○注賓射至者射○釋曰此云賓射與射人所云諸侯在朝則皆北面者一也掌士大夫之弔勞〔疏〕掌士至弔勞○釋曰大僕掌三公孤卿之弔勞注王使往此不言王使往亦王使往可知

凡大事佐大僕

祭僕掌受命于王以眡祭祀而警戒祭祀有司糾百官之戒具謂王有故不親祭也祭祀有司有事於祭祀者糾謂校録所當共之牲物〔疏〕注謂王至牲物○釋曰知此上下是有故使人祭者觀此文勢得知故云受命於王以眡祭祀既祭帥羣有司反命於王以王命勞之明是王合祭有故使人攝之者也既祭帥羣有司而反命以王命勞之誅其不敬者大喪復于小廟

小廟高祖以下也始祖曰太廟〔疏〕大喪至小廟○釋曰大喪王喪也王生時所有事之處皆復此祭僕復小廟其夏采復太廟小寢大寢下隸僕復也○注小廟至太廟○釋曰其二祧不言復亦應此祭僕復但無寢耳引春秋者證魯以周公爲太廟其餘爲小廟春秋僖八年秋七月禘於太廟

凡祭祀王之所不與則賜之禽都家亦如之鄭司農云王之所不與謂非郊廟尊祭祀則王不與也則賜之禽公卿自祭其先祖則賜之禽也玄謂王所不與同姓有先王之廟○與音預注同〔疏〕注鄭司至之廟○釋曰先鄭云王之所不與謂非郊廟尊祭祀則王不與也後鄭不從者按司服六冕所祭皆王合親爲何有非郊廟王不與者乎故不從之先鄭以則賜之禽謂卿大夫自祭其先亦賜之禽後鄭不從者卿大夫自祭其先是其常事何有王皆賜之禽也故以爲同姓有先王廟者若然經都家謂畿內三等采地則文云祭祀是畿外同姓諸侯魯衛之屬者也

凡祭祀致福者展而受之臣有祭祀必致祭肉於君所謂歸胙也展謂録視其牲體數體數者大牢則以牛左肩臂臑折九个少牢則以羊左肩七个特牲則以豕左肩五个○胙存故反臑奴報反字林人

丁反又羊吳反折之〈疏〉注臣有至五个○釋曰云所謂歸
舌反个古賀反下同胙者按左氏傳驪姬欲譖申生謂
申生曰齊姜欲食使太子祭祭訖歸胙于公姬置藥而饋公
是有歸胙之事也云體數者大牢則以牛左肩臂臑折九个
已下並禮記少儀文凡祭祀周人尚右故右胖皆祭故以左
胖致人祭言大牢天子大夫已上少牢謂天子之士彼注云
羊豕不言臂臑因牛序之可知言肩臂臑折九个者則一體
折爲三段則牲少體不得全自外皆然以人多故也皆用前
體者前體貴
故先用也

御僕掌羣吏之逆及庶民之復與其弔勞羣吏
府吏○〈疏〉注羣吏府吏以下○釋曰大僕掌諸侯復逆小臣
以下掌三公孤卿復逆此官所云羣吏對庶民是府吏○
以下言以下兼胥徒若然不見
大夫士者小臣孤卿中兼之矣

大祭祀相盥而登相盥
者謂奉槃授巾與登謂爲王登牲體於俎特牲饋食禮〈疏〉
主人降盥出舉入乃匕載○奉槃芳勇反爲于僞反
注相盥至匕載○釋曰上小臣云沃此又云盥明是奉槃授
巾以其少牢特牲尸盥時有奉槃授巾之事故云也以無正

文故云與以疑之也云登謂爲王登牲體於俎者以其文承祭祀之事故引特牲乜載載即登牲體於俎也

大喪持翣翣棺飾也持之者夾蜃車○翣所甲反蜃辰軫反劉薄忍反〔疏〕注翣棺至蜃車○釋曰依喪大記注引漢禮翣以木爲匡廣三尺高二尺四寸方兩角高衣以白布畫者畫雲氣謂之畫翣畫之以黼謂之黼翣之類是也天子用八諸侯用六大夫用四士用二在路夾蜃車兩旁入壙則樹之四旁故云棺飾也

掌王之燕令燕居時之令〔疏〕注燕居時之令○釋曰以御侍近臣故使掌燕居時之令施之於外也

以序守路鼓序更○更音庚〔疏〕注序更○釋曰此即大僕所云速逆御僕與御庶子者也序更者即上鄭云直事鼓所者也

隸僕掌五寢之埽除糞洒之事五寢五廟之寢也周天子七廟惟祧無寢詩云寢廟繹繹相連貌也前曰廟後寢氾埽曰埽埽席前曰拚洒灑也鄭司農云洒當爲灑玄謂論語曰子夏之門人當洒埽應對○埽素報反注氾埽洒埽同除如字劉直庶反糞方問反洒所賣反劉霜奇反祧勑彫反拚方問反

本又作坋同灑所買反劉霜寄反〈疏〉注五寢至應對○釋曰知周天子七廟惟祧之無寢者此云五寢下云小寢大寢不言祧之有寢明二祧無寢也引詩云寢廟繹繹者欲見前廟後寢故云相連之貌也按爾雅釋宮云有東西廂曰廟無曰寢寢廟大況是同有廂無廂爲異耳必須寢者祭在廟薦在寢故立之按昭十八年鄭災簡兵大蒐子大叔之廟在道南其寢在道北者彼廟不在宮中地隘故廟寢別處也云汜埽曰埽埽席前曰拚者謂埽地遠近之異名及處論語者所以證經埽灑之事也王寢既隸僕埽除其廟按守祧注皆宗伯埽除

祭祀脩寢 於廟祭寢或有事焉月令凡新物先薦寢廟〈疏〉注於廟至寢廟○釋曰祭祀則在廟可知復云脩寢者寢或有事不可不脩治之也引月令薦寢廟者欲見寢有事彼薦只在寢不在廟連廟言者欲見是廟之寢非生人之寢故也

王行洗乘石 鄭司農云乘石王所登上車之石也詩云有扁斯石履之卑兮謂上車所登之石○乘如字劉常烝反上時掌反下同扁邊典反〈疏〉注鄭司至之石○釋曰引詩者是小雅刺幽王之詩言申后乘車履石與王同故云有扁斯石履之卑兮謂履之上車與王同故黜之也

掌蹕宮中之事 宮中

有事則蹕鄭司農云蹕謂止行者淸道若今時儆蹕○蹕音畢儆字又作警音景〔疏〕注宮中至儆蹕○釋曰宮中須警備故有蹕宮中之事

大喪復于小寢大寢小寢高祖以下廟之寢也始祖曰大寢○釋曰以祭隸僕職卑位小故使之復於小寢也以其高祖已上廟稱小始祖廟稱大故寢亦隨廟爲稱也〔疏〕注小寢至大寢

附釋音周禮注疏卷第三十一

盧宣旬校

大淸嘉慶二十年[illegible]
用文選樓藏本校

知南昌府張敦仁署鄱陽縣候補知州周澍栞

周禮注疏卷三十一挍勘記　阮元撰盧宣旬摘錄

附釋音周禮注疏卷第三十一

夏官司馬下

司士

卿大夫士庶子之數　唐石經諸本同盛百二柚堂筆談云經文脫去一士字當依正義補按釋曰云卿大夫士者又云士庶子者又云之數者是賈疏本作卿大夫士士庶子之數當據以補正○按宮伯掌王宮之士庶子注云王宮之士謂王宮中諸吏之嫡子也庶子其支庶也此處解同

自古以事任之者　惠挍本以下有來

惟賜無常　閩監毛本同唐石經余本嘉靖本惟作唯

是宿衛者也　閩本同監毛本是上增明

云未常仕雖同族不得在王宮者 惠挍本常作嘗此誤

但此同士士既摠屬 浦鏜云比同當此司之誤

自餘皆臣之摠號耳 惠挍本閩本同監毛本自作其

此之謂長幼有序 此本及閩本標起訖云注賜爵至序也然則賈疏本序下有也字監毛本疏改作賜爵至有序據今本注無也字耳

天子諸侯載柩三束 余本嘉靖本毛本同閩監本載作戴

故云天子諸侯載柩三束 閩監毛本載改戴非

所以連繫棺束與柳材使相植 浦鏜云值誤植

故非喪則兵災 諸本同按釋曰知非喪者以上文已言大喪明此是兵災非喪也據疏語此注祇當云故謂兵災非喪之言乃賈氏闡發鄭義語不當竄入注中也若如此注則喪與兵災二者並舉賈疏不得捨喪專

言兵災矣

諸子

卒讀如物有副倅之倅　漢讀考作讀爲云今本作讀如非

謂朝夫子時　惠校本作大子當據正此誤閩監毛本改天子非

惟所用之　閩監毛本同唐石經余本嘉靖本惟作唯

正謂禮載之　余本閩監本同誤也嘉靖本毛本禮作札當據正葢札誤爲礼遂改作禮疏中標注同大僕御僕注作匕載

鼎中匕出牲體　閩監毛本匕誤七賈本注葢札作匕

從於王　浦鏜云大司馬職疏引作從從王案此疏亦云使國子從王也此作從於王誤○按從字逗從王爲句

得行大夫禮故也　浦鏜云故當衍

考較才藝長短　惠挍本較作校

司右

右軍旅據征伐　浦鏜云右當凡字誤

弓矢圍　九經古義云圍當作圉字之誤也古圉禦通用管子墨子書皆然今司馬法作禦是也盧文弨云說苑貴德篇寇暴以仁圉圍亦當作圉按賈疏本作圉云圉城時賈誤

虎賁氏

後脛折取胳肩斷各九个　閩本同惠挍本胳作骼監毛本肩斷改苞肉○按骼肩斷是也

春秋隱七年冬　余本嘉靖本同閩監毛本隱下增公非

旅賁氏

武士尙輕　閩監本同誤也余本嘉靖本毛本輕作輊疏同當據正此本疏標起訖云注葛葛至尙輕亦不誤

節服氏

維王之太常　余本閩監本同唐石經岳本嘉靖本毛本太作大當據正

王路建大常　監本玉誤王

依禮緯含文嘉云　宋本監本誤複文字毛本移一文於緯下

天子旌九刃　監毛本刃改仞下同

節服氏皆與君同服故云亦如之　此本故云下剜擠其服二字閩監毛本遂排入今刪正

方相氏

以索室毆疫 釋文作敺疫唐石經作敺嘉靖本閩監毛本作毆此從欠誤○按說文敺者驅之古文淺人於說文攴部求毆字不得往往爲異說

方相氏以難卻凶惡也 閩監本同余本嘉靖本毛本作郤○按郤是也

云時儺四時者 監本同誤也閩毛本儺作難下並同當據正

郊特牲云鄉人禓 閩毛本同監本禓改儺非

大僕

一日萬機 閩監毛本機改幾誤甚按尚書本作萬機

窮謂窮寃失職 惠挍本嘉靖本寃作冤

元謂窮達者 余本閩監毛本同誤也岳本嘉靖本作達窮者當乙正

則入告大僕迎此二官　閩本同監毛本增複大僕二字

則二官自白士　按士爲王之誤浦鏜云士疑上誤非矣下文亦云自白王

有在肺石達窮民　浦鏜云石誤在

食時亦擊鼓救可知　惠挍本時作明盧文弨云食上當脫一月字

日月之食　閩監毛本作日有食之此誤

彼四月不合擊鼓之月　浦鏜云六誤四或云彼下應有非

窆之亦如之　唐石經諸本同誤也釋文及嘉靖本窆作𡨋當據正字從乏之聲非從之

故書戒爲駭　漢讀考云大司馬鼓皆駴駴即駭字鄭君曰疾雷擊鼓曰駭

春秋傳所謂日中而𡽪　岳本及葉鈔釋文𡽪作僃此本疏引春秋傳亦作日中而僃閩監毛本改作𡽪○按說文有倗字無僃𡽪二字从山者誤字也說文倗下亦引左傳朝而倗釋文作倗者古字假借

自是鄭注古本如此

宓讀如慶封汜祭之汜諸本同誤也監本汜作氾葉鈔釋文出汜汜祭二字當據正

縣于路門閩本同監毛本縣改懸

小臣受灾於公浦鏜云授誤受

不視朔監本朔誤朝

證不視朝亦是有故不視之意也閩本同監毛本朝誤朔

小臣

謂若趨以采薺監本薺誤齊

故小臣爲王沃手盥手也浦鏜云沃水誤沃手

掌士大夫之弔勞浦鏜云天官世婦疏引此注云致禮同名爲弔此脫

祭僕

始祖曰太廟　閩監毛本同岳本嘉靖本太作大下同

御僕

府吏以下　余本同誤也嘉靖本閩監毛本作府史當據正

乃匕載　余本嘉靖本閩毛本同此本及監本匕誤上或誤七今訂正疏同

故引特牲匕載　閩毛本同監本匕作牲當是枇之誤特牲經作枇也○按匕枇本一字或爲之分別者非也

隷僕

埽席前曰拚　葉鈔釋文拚本又作坋同○按坋爲坌之假借字說文坌埽除也俗作拚拚非拚拚訓撫手

及處論語者　毛本處作攄即據之俗寫此誤

掌蹕宮中之事 唐石經諸本同漢制考作宮門

以其高祖已上 惠校本上作下此誤

周禮注疏卷三十一校勘記終

南昌袁泰開挍

附釋音周禮注疏卷第三十二

鄭氏注　賈公彥疏

弁師掌王之五冕皆玄冕朱裏延紐

冕服有六而言五冕者大裘之冕蓋無旒不聯數也延冕之覆在上是以名焉紐小鼻在武上笄所貫也今時冠卷當簪者廣袤以冠纓其舊象與○數所主反卷起全反簪莊林反袤音茂纓所買反劉霜綺反與音餘〔疏〕弁師至延紐○釋曰云皆玄冕者古者績麻三十升布染之上以玄下以朱衣之於冕之上下云延者即是上玄者紐者綴於冕兩旁垂之武兩旁作孔以笄貫之使得其牢固也凡冕體周禮無文叔孫通作漢禮器制度取法於周今還取彼以釋之按彼文凡冕以版廣八寸長尺六寸以此上玄下朱覆之乃以五采繅繩貫五采玉垂於延前后謂之邃延故玉藻云天子玉藻前后邃延龍卷以祭是也○注冕服至象與○釋曰云冕服有六者按司服祭祀六服皆連冕言之今此惟云五冕者但此弁師所掌冕以旒爲主祭天用大裘取質其冕亦當無旒爲質故此不數之惟有五冕耳故云王之五冕也云延冕之覆在上按玉藻

注延冕上覆言雖不同義則不異皆以玄表覆之在冕上也以爵弁前后平則得弁稱冕則前低一寸餘得冕名冕則俛也以低爲號也云紐小鼻在武上笄所貫也者今時冠卷當簪者廣袤以冠縱其舊象與者古之紐武笄貫之處若今漢時冠卷當簪簪所貫者於上下之廣及隨縱之袤以冠縱者貫簪之處當冠縱之中央云舊象者是周冕垂紐於武貫笄之舊象言與者以無正文故云與以疑之

五采繅十有二就皆五采玉十有二玉笄朱紘

繅雜文之名也合五采絲爲之繩垂於延之前後各十二所謂邃延也就成也繩之每一帀而貫五采玉十二斿則十二玉也每就間蓋一寸朱紘以朱組爲紘也紘一條屬兩端於武繅不言皆有不皆者此爲袞衣之冕十二斿則用玉二百八十八鷩衣之冕繅九斿用玉二百一十六毳衣之冕七斿用玉百六十八希衣之冕五斿用玉百二十玄衣之冕三斿用玉七十二○繅音早司農云古藻字邃息遂反劉詩遂反斿音留下同屬音燭鷩必滅反希張里反劉豬履反

【疏】五采至朱紘○釋曰言五采藻十有二者此據袞冕而言謂合五采絲爲藻繩十二道爲十二旒也就皆五采玉十有二者此各據一旒而言玉有五色以青赤黃白黑於一旒之上以此五

色玉貫於藻繩之上每玉間相去一寸十二玉則十二寸就成也以一玉爲一成結之使不相并也玉笄朱紘者以玉笄貫之又以組爲紘仰屬結之也○注繅雜至十二○釋曰云繅雜文者若水草之藻有五采故云雜文之名也云所謂邃延也者謂玉藻文云繩之每一帀而貫五采玉十二斿則十二玉也者以其云就皆五采玉十有二明十二玉可知也云紘一條屬兩端於武者謂以一條繩先屬一頭於左旁笄上以一頭繞於頤下至句上於右相笄上繞之是以鄭注士冠禮云有笄者屈組以爲紘垂爲飾無笄者纓而結其條彼有笄據皮弁爵弁此五冕皆有笄與彼同此言屬於武者據笄貫武故以武言之其實在笄云繅不言皆有不皆者謂王之五冕繅則有十二有九有七有五有三其玉旒皆十二故繅不言皆有不皆者則九旒已下是也玉言皆則五冕旒皆十二玉也此經十二旒據袞冕而言是以鄭云此爲袞衣之冕十二旒以其十二旒旒各十二玉前后二十四旒故用二百八十八已下計可知

諸侯之繅斿。九就瑉玉三采其餘如王之事繅斿皆就玉瑱玉笄侯當爲公字之誤也三采朱白蒼也其餘謂延紐皆玄覆朱裏與王同也出此則異繅斿皆就皆三采也毋繅九成則九旒也。公之冕用玉百六十二。玉瑱，塞耳者。故書瑉作璑。鄭司農云：繅當爲藻。繅，古字也；藻，今字也。同物同音。璑，惡玉名。○侯，依注音公。瑉，本又作珉，亡貧反。瑱，吐練反。璑，音無。

【疏】「諸侯至玉笄」。○釋曰：諸公云繅九就，又云繅斿皆就，作文與上言繅十有二就皆五采玉十有二繅玉別文，則繅有差降，玉無差降。此諸公繅玉同文，則惟有一冕而已。故鄭計一冕爲九旒，旒各九玉，據冕九旒不別計。鷩冕已下，以其一冕而已冠五服故也。已下侯伯子男亦皆一冕冠數服也。王不言玉瑱，於此言之者，王與諸侯互見爲義。是以王言玄冕朱裏延紐及朱紘，明諸侯亦有之；諸公言玉瑱，明王亦有之，是其互有也。○注「侯當至玉名」。○釋曰：鄭知侯當爲公者，以下別見諸侯，又此經云九就，當上公以九爲節，故知是公也。知三采朱白蒼者，聘禮記「公侯伯繅藉三采朱白蒼」，故知三采亦朱白蒼也。云「出此則異」者，異謂天子朱紘，諸侯當青組紘之等，不得與王同也。云「繅斿皆就，皆三采也。毋繅九成則九旒也」者，此釋有一冕九旒之意也。云「璑，惡玉名」者，按許氏說文：璑，三采玉，從玉無聲。以其三采，又非與瑉，故云惡玉名也。說文又云：珉，石之美者，從玉民聲。如是，經云瑉玉三采，當以璑爲正，故先鄭從璑爲惡玉名也。

王之皮弁，會五采玉

璂象邸玉笄　故書會作𩞁鄭司農云讀如馬會之會謂以五采束髮也士喪禮曰檜用組乃笄檜讀與𩞁同書之異耳說曰以組束髮乃著笄謂之檜沛國人謂反紒爲𩞁璂讀如綦車轂之綦玄謂會讀如大會之會會縫中也璂讀如薄借綦之綦綦結也皮弁之縫中毋貫結五采玉十二以爲飾謂之綦詩云會弁如星又曰其弁伊綦是也邸下柢也以象骨爲之○會劉古外反注同弁𩞁檜二字亦同或一音戶外反璂音其本亦作琪邸丁禮反著張略反紒本又作紒音計綦音其下同縫扶用反下同薄劉芳惡反柢丁禮反劉音帝

疏　注故書至爲之　釋曰先鄭以會爲五采束髮讀經以爲皮弁會五采引士喪禮及沛國之事後鄭皆不從故以會謂縫中解之先鄭讀從馬會取會結之義又讀璂如車轂綦之綦直取音同未知何義也玄謂會如大會之會漢歷有大會小會取會聚之義故爲縫中又云璂讀如薄借綦之綦綦結也者漢時有薄借綦之語故讀從之亦取結義薄借之語未聞云皮弁之縫中毋貫結五采玉十二以爲飾謂之綦者天子以十二爲節約同冕旒也引詩會弁如星者衛詩彼注云會謂弁之縫中飾之以玉皪皪而處狀似星也與經義合故爲證也又曰其弁伊綦是也者璂既爲玉又得爲結義得兩合耳云邸下柢也者謂於弁內頂上

以象骨爲柢

王之弁絰弁而加環絰

弁絰王弔所服也其弁如爵弁而素所謂素冠也而加環絰環絰者大如緦之。麻。絰纏而不糾司服職曰凡弔事弁絰服。【疏】注弁絰至絰服○釋曰云弁絰王弔所服也者司服文又雜記云凡弁絰其衰侈袂故知弁絰是王弔服云其弁如爵弁而素者按曾子問云麻弁絰鄭云麻弁絰者布弁而加環絰也此不言麻者皆素爲之故云而素也云所謂素冠者詩云庶見素冠兮彼素冠謂祥冠與此雖義別同是素爲之云而加環絰者謂先著素弁於下乃上加環絰故云加也環絰者大如緦之絰者緦麻絰五服之輕者弔服乃五服之外故約同之但緦之絰則兩股此環絰以一股纏之不糾麤細同耳引司服者證弁絰是弔服之絰

諸侯及孤卿大夫之冕韋弁皮弁弁絰各以其等爲之而掌其禁令

各以其等繅斿玉璂如其命數也冕則侯伯繅七就用玉九十八子男繅五就用玉五十繅玉皆三采孤繅四就用玉三十二三命之卿繅三就用玉十八再命之大夫藻再就用玉八藻玉皆朱綠韋弁皮弁則侯伯璂飾七子男璂飾五玉亦三采孤則璂飾四三命之卿璂飾三再命之大夫璂

飾二玉亦二采弁絰之弁其辟積如冕繅之就然庶人弔者
素委貌一命之大夫冕而無旒○士變冕爲爵弁其韋弁皮弁
之會無結飾弁絰之弁不辟積禁令者不得相僭踰也玉藻
曰君未有命不敢即乘服不言冠弁冠弁兼於韋弁皮弁矣
不言服弁服弁自天子以下無飾無
等○辟積必亦反劉薄歷反下同
疏
諸侯至禁令○釋曰諸侯者上已言
公則此諸侯謂侯伯子男云及孤卿大夫者此文既承諸侯
之下故鄭以爲諸侯之孤卿大夫解之也既不別見天子之
臣文中可以兼之上天子與公不言韋弁此言之亦是互見
之義云各以其等爲之不言爵而言等則依命數矣○注各
以至無等○釋曰云各以其等謂藻旒玉瑧如其命數也者
經云冕故云旒經云弁故云瑧如其命數釋經云等也侯伯
子男之冕亦據一冕如上公矣侯伯子男繅玉皆三采者亦
約聘禮記藻三采朱白蒼而言之四命已下皆據典命公之
孤四命公侯伯之卿三命其大夫二命子男之卿再命大夫
一命而言二采朱綠亦據聘禮記聘臣藻皆二采朱綠而言
也云弁絰之弁其辟積如冕繅之就然者以其弔服非吉故
無飾故辟積有就也云庶人弔者素委貌者此經不云庶人
鄭云此者以有大夫已上因言庶人且欲從下向上因推出
士變冕爲爵弁之意也云一命之大夫冕而無旒者此亦無

文鄭知然者凡冕旒所以爲文飾一命若有則止一旒一玉而已非華美又見一命大夫衣無章士又避之變冕爲爵弁若一命大夫有旒士則不須變冕爲爵弁直服無旒之冕矣故知一命大夫無旒也若然爵弁制如冕但無旒爲異則無旒之冕亦與爵弁不殊得謂之冕者但無旒之冕亦前低一寸餘故亦得冕名也云韋弁皮弁之會無結飾弁經之弁不辟積者一命大夫及士冕弁既無旒故知無此等云禁令者不得相借踰而引玉藻君未有命不敢即乘服者彼諸侯之卿大夫聘於天子天子賜之冕服歸國告君得君命乃服之未得君命則爲借踰故引爲證也云不言冠弁冠弁兼於韋弁皮弁矣者玄冠緇布衣緇帶素韠天子以爲田服即諸侯及臣之朝服亦皮弁之類不言之者兼於韋弁皮弁也云不言服弁服弁即喪經喪服也云不言之者自天子以下無飾無等者則喪服自天子達士共一章是也自此一經摠包諸侯及臣不言天子之臣但天子三公八命卿六命大夫四命士三命以下冕弁之屬亦各以其等爲之可知

司甲闕

司兵掌五兵五盾各辨其物與其等以待軍事

五盾干櫓之屬其名未盡聞也等謂功沽上下（疏）司兵至
鄭司農云五兵者戈殳戟酋矛夷矛○櫓音魯　軍事○
釋曰言各辨其物與其等者五兵五盾各有物色與其善惡
長短大小之等云以待軍事者按此下有舞者兵及廞五兵
直云以待軍事者五兵五盾以軍事爲主故也○注五盾至
夷矛○釋曰鄭云五盾干櫓之屬其名未盡聞也者按祭統
云朱干玉戚以舞大武秦詩云蒙伐有苑注云伐中干左氏
傳建大車之輪以爲櫓而當一隊則有朱干中干及櫓闕其
三者二者未聞故云其名未盡聞也云等謂功沽上下者功
謂善者爲上等沽謂麤惡者爲下等也必知有此法者見槀
人職云書其等以饗工乘其事試其弓弩以下上其食明兵
盾亦當然先鄭云五兵者戈殳戟酋矛夷矛者此謂車之五
兵故下注云車之五
兵司農所云者是也
及授兵從司馬之灋以頒之
及其受兵輸亦如之及其用兵亦如之
從司馬
之法令
師旅卒兩人數所用多少也兵輸謂師還有司（疏）注司馬
還兵也用兵謂出給衛守○卒子忽反下同　至衛守
釋曰云授兵從司馬之法者司馬主六軍是一官之長先受
於王命知多少乃始出軍故從司馬法以頒之鄭知用兵是

出給衛守者以其既言授兵下別言用兵明是衛守之處須兵者也**祭祀授舞者兵**授以朱干玉戚之屬疏注授以至之屬○釋曰鄭知此兵是朱干玉戚者祭統云朱干玉戚以舞大武則大武用朱干玉戚矣又按下司戈盾云祭祀授旅賁殳故士戈盾司兵尊於司戈盾明所授兵據以大武朱干玉戚也其司干所授者又是羽籥之等非干戚可知也**大喪廞五兵**故書廞爲淫鄭司農云淫陳也淫讀爲廞玄謂廞興也興作明器之役器五兵也士喪禮下篇有甲冑干笮○廞虛金反興虛應反下同笮字又作筰側白反劉丑伯反疏注故書至干笮○釋曰先鄭一部之內廞皆從淫故云淫淫爲陳後鄭皆不從者以爲廞興解之者見司服云大喪共其復衣服斂衣服掌其陳序圉人職云凡賓客喪紀牽馬而入陳廞馬亦如之以此言之廞陳既別則廞不得爲陳以興象爲義也云興作明器之役器五兵也者按既夕禮明器之用器有弓矢役器之內甲冑干笮彼雖不具五兵此既言五兵明五者皆有也故鄭引士喪禮下篇甲冑干笮爲證言士喪禮下篇即既夕禮也言士喪禮下篇者以其士喪論葬事士喪與既夕二篇同有記皆在既夕篇下故二篇連言之也按彼注笮謂矢服也**軍事建車之五**

兵會同亦如之車之五兵鄭司農所云者是也步卒之五兵則無夷矛而有弓矢疏軍事至如之○釋曰云建車之五兵者凡器在車皆有鐵器屈之在車較及輿以兵插而建之故有出先刃入後刃之事○注鄭司至弓矢○釋曰鄭司農所云者是也即上文注是也必知如先鄭義者見考工記廬人云戈殳戟酋矛夷矛乃云六建既備車不反覆注六建五兵與人也以是故從司農所云也云步卒之五兵則無夷矛而有弓矢者即司右注引司馬法所云者是也有弓矢是能用五兵者若前驅所建則有四兵故詩云伯也執殳為王前驅注引考工記車有六等之數除軫與人四兵為證是也

司戈盾掌戈盾之物而頒之分與授用疏注分與授用○釋曰分與授用者即下文祭祀會同之等皆是**祭祀授旅賁殳故士戈盾授舞者兵亦如之**亦頒之也故士王族故士也與旅賁當事則衛王也殳如杖長尋有四尺疏注亦頒至四尺○釋曰云故士王族故士者據司士而言云與旅賁當事則衛王者按旅賁氏掌執戈盾而趨此執殳者

以其與故士同衛王時以爲儀衛故不執戈盾知殳如杖者廬人所爲不見有刃故知如杖知尋有四尺者車有五等云殳長尋有四尺崇於人四尺也

軍旅會同授貳車戈盾建乘車之戈盾授旅賁及虎士戈盾乘車王所乘車也軍旅則革路會同則金路○乘繩證反後乘馬陪乘參乘皆準此注王所乘車依字讀

疏軍旅至戈盾○釋曰軍旅會同皆貳車貳皆有車右故授之以戈盾云乘車之戈盾者王所乘車有車右故建戈盾授旅賁氏及虎士戈盾者衛王故也○注乘車至則金路○釋曰軍旅乘革路會同乘金路皆巾車文會同則彼以賓一也

及舍設藩盾行則斂之舍止也藩盾盾可以藩衛者如今之扶蘇與○與音餘

疏注舍止至蘇與釋曰按掌舍王行止住不言設藩盾者當宿衛之事非止一重除彼梐枑車宮之外別有此藩盾之等也云如今扶蘇者舉漢法以況之也

司弓矢掌六弓四弩八矢之灋辨其名物而掌其守藏與其出入法曲直長短之數○守劉于又反亦如字下攻守同藏才浪反

沈如字（疏）司弓至出入○釋曰此經與下爲目辨其名物者六弓八矢各有名號物色出入者頒之受之○注法曲至之數○釋曰曲直者謂若王弓弧弓合九成規已下注或合七合五合三是曲者合少直者合多長短者弓人云弓之上制六尺六寸中制六尺三寸下制六尺是其長短也**中春獻弓弩中秋獻矢箙**之○中音仲下同箙音服弓弩成於和矢箙成於堅箙盛矢器也以獸皮爲詩云象弭魚服盛音成（疏）注弓弩至爲之○釋曰矢箙獸皮爲之者按詩云象弭魚箙雖不言用獸蓋魚之似獸者爲之若然此獸則魚形也惟有國語云檿弧箕箙不用獸皮也**及其頒之王弓弧弓以授射甲革椹質者夾弓庾弓以授射豻侯鳥獸者唐弓大弓以授學射者使者勞者**王弧夾庾唐大六者弓異體之名也往體寡來體多曰王弧往體多來體寡曰夾庾往體來體若一曰唐大甲革革甲也春秋傳曰蹲甲而射之質正也樹椹以爲射正射甲與椹試弓習武也豻侯五十步及射鳥獸皆近射也近射用弱弓則射大侯者用王弧射參侯

者用唐大矣學射者弓用中後習強弱則易也使者勞者弓亦用中遠近可也勞者勤勞王事若晉文侯文公受王弓矢之賜者故書椹爲鞎鄭司農云椹字或作鞎非是也圍師職曰射則充椹質又此司弓矢職曰澤共射椹質之弓矢言射椹質自有弓謂王弧弓也以此觀之言鞎質者非○射甲食亦反下以意求之椹張林反夾古洽反劉古協反庾師儒相傳讀庾本或作庾豻音岸又音鴈使者所吏反注同蹲音存劉才官反參素感反易以豉反鞎戸根反一音魂或胡本反李音艮一音居言反又音很

疏 及其至勞者○釋曰此經六弓強弱相對而言王弧直往體寡夾庾曲往體多故四者自對先自唐大往來若一故退之在後也○注王弧往者非○釋曰云六者弓異體之名也者即所引弓人之職往體來體之等是也此據體而言若以色而言即春秋尚書所云形弓施之等是也云甲革甲也者欲見甲以革爲之其實一弓物也引春秋傳者事在成十六年楚之養由基善射之事云質正也樹椹以爲射正者謂若賓射之正然也云射甲與椹試弓習武也者見圍人云澤則共椹質是在澤宮中試弓習武也云豻侯五十步及射鳥獸皆近射也近射用弱弓則射大侯者用王弧射參侯者用唐大矣者此據諸侯言之若據天子則用王弧射虎侯用唐大射熊侯用夾庾射豹

侯也云學射者弓用中後習強弱則易也者用中謂唐大往來體如一是中也云使者勞者弓亦用中遠近可也者使有遠有近皆可也云勞者勤勞王事若晉文侯者謂文侯之命賜之彤弓旅弓是也云文公者謂僖二十八年晉文公敗楚於城濮襄王賜之以彤弓旅弓是也**其矢箙皆從其弓**從弓數也每弓者一箙百矢

疏 注從弓至百矢○釋曰云從弓數也者以經云矢箙皆從其弓故知從弓數也云每弓者一箙百矢者按文侯之命及僖二十八年晉文公受弓矢皆云彤弓一彤矢百是所賜之弓矢射之弓矢約同之按詩頌云束矢其搜毛注云五十矢為束鄭從之至此為百矢者無正文鄭兩從不定也**凡弩夾庾利攻守唐大利車戰野戰**攻城壘者與其自守者相迫近弱弩發疾也車戰野戰進退非強則不及弩無王弧王弧恒服弦往體少者使矢不疾○攻如字劉音貢強其丈反又其良反

疏 注攻城至不疾○釋曰云攻城壘者城謂城郭壘謂軍壁若宣公十二年云御靡旌摩壘而還之類也云與其自守者即城壘也云弩無王弧王弧恒服弦若按上弓有六等有王弧至此弩以有夾庾等四種故云弩無王弧也恒服者若弓用則服弦不用則弛惟弩

則用與不用一張之後竟不弛故云恒服弦也若然恒服弦用弱者以其強弓久不弛則就弦弱則隨體不就弦也又王弧往體少使之恒服弦則使矢不疾故不用也

凡矢枉矢絜矢利火射用諸守城車戰殺矢鍭矢用諸近射田獵矰矢茀矢用諸弋射恒矢痺矢用諸散射

此八矢者弓弩各有四焉枉矢殺矢矰矢恒矢弓所用也絜矢鍭矢茀矢庳矢弩所用也枉矢者取名變星飛行有光今之飛矛是也或謂之兵矢絜矢象焉二者皆可結火以射敵守城車戰前於重後微輕行疾也殺矢言中則死鍭矢象焉鍭之言候也二者皆可以司候射敵之近者及禽獸前尤重中深而不可遠也結繳於矢謂之矰矰高也茀矢象焉茀之言刜也二者皆可以弋飛鳥刜羅之也前於重又微輕行不低也詩云弋鳧與鴈恒矢安居之矢也庳矢象焉二者皆可以散射也謂禮射及習射也前後訂其行平也凡矢之制枉矢之屬五分二在前三在後殺矢之屬參分一在前二在後矰矢之屬七分三在前四在後恒矢之屬軒輖中所謂志也鄭司農云庳矢讀爲人罷短之罷玄謂庳讀如痺病之痺痺之言倫比○枉紆往

反絜劉苦結反又音結一音戶結反弩矢也鍭音侯劉音候
弩矢鍇音增茀劉扶弗反李一音孚忽反一音敷或音弗弩
矢痺方二反弩矢散素旦反注同中丁仲反下中深射中同一
繳章藥反制字物反訂李音亭呂沈同劉當定反輈音周一
音定周反痺方二反比毗志反

疏

注此八矢者至言倫比○釋曰鄭知此八矢弓弩各有四者以上文六弓四弩俱陳於下總列八矢則知八矢爲弓弩所設故鄭分之四矢屬弓四矢屬弩也八矢兩兩相附必知在上者屬弓在下者屬弩者此上文六弓四弩在下故還以在上配弓在下配弩也云枉矢者取名變星飛行有光今之飛矛是也者按輈人云弧旌枉矢以象弧也按孝經緯援神契云曰枉矢射慝考異郵曰枉矢精狀如流星蛇行有尾見天文志曰枉矢狀大流星是其狀變之星行時有光故鄭云枉矢者取名變星飛行有光漢時名此矢爲飛矛故舉以爲說也云或謂之兵矢者八職文云絜矢象焉者謂輕重象枉矢也云二者皆可結火以射敵守城車戰者故鄭矢人職注以枉絜二矢俱爲兵矢云前於重後微輕行疾也者以殺矢三分一在前二在後是最重者也此枉絜二矢則五分二在前三在後云前於重又微輕微輕對已下鍭矢恒矢等爲最輕也云殺矢言中則死者解稱殺矢之名以其最重中則死故也云鍭矢象

焉者亦尤重者也云二者皆可以司候射敵之近者及禽獸
者釋經用諸近射田獵之文云前尤重中深而不可遠也者
以其三分一在前二在後故云尤重中深故殺名不可遠故
用之近射也云結繳於矢謂之矰矰高也者繳則繩也謂結
繩於矢以弋射鳥獸者言矰高者欲取向上射飛鳥之義也
云茀矢象焉者亦結繳為射也云茀之言制也二者皆可以
弋飛鳥制羅之也者解結繳以羅取而制殺之義云前於重
又微輕者此又對枉矢絜矢五分者是重此於五分之重又
微輕於彼以此矢七分故也引詩者證弋是取鳧鳥之義也
云恒矢安居之矢也者按弓人有其人安其弓安其矢安之
文則此恒矢軒輖訂是安居之矢也云庳矢象焉二者皆可
以散射也者謂禮射及習射者已上六矢皆用之攻守及弋
射惟此矢云散射明散射是禮射也其禮射者即大射賓射
燕射之等皆是其習亦於此三射中為之故并言之也云前
後訂其行平也者以矰矢七分三在前四在後則知此八分
四在前四在後即行平也云凡矢之制枉矢之屬至四在後
皆矢人職文云恒矢之屬軒輖中所謂志也者既夕記云志
一乘軒輖中是也先鄭云庳矢讀為人罷短之罷此依俗讀
於義無取玄謂庳讀為痺○病之痺○痺之言倫比倫比則與安
居之義同也此八矢六弓四弩不相配者以四矢配四弩於

義爲可以四矢配六弓其數參差不可相當故不
得相配但依六弓四弩與矢隨義相當而用之　**天子之**
弓合九而成規諸侯合七而成規大夫合五
而成規士合三而成規句者謂之弊弓體往來之衰也
往體寡來體多則合多往體多來體寡則合少而圜弊猶惡
也句者惡則直者善矣○弊婢世反徐扶滅反衰初危反圜
音〔疏〕天子至弊弓○釋曰按上注而言王弧射大侯夾庾
圜九成規諸侯之弓則唐大以其往來體若一故合七成規大
夫之弓則夾庾以其往體多故合五成規也士之弓則六弓
之外句曲合三成規云句者謂之弊弓者但句之至極無過
合三合三之外雖別言句者還指合三者而言耳按天子諸
侯三侯士與大夫同射近侯與大夫別侯之法今以士合三
與大夫弓別者以士與大夫尊卑次暫以合三者託之于士
其實士無合三之弓也○注體往善矣○釋曰云體往來之
衰也者此皆據角弓及張不被弦而合之從合九合七合五
合三降殺以兩故言衰也云往體寡來體多則合多者據王
弧而言云往體多來體寡則合少而圜者據夾庾而說不言

唐大者在此二者中閒可知**凡祭祀共射牲之弓矢**射牲示親殺也殺牲非尊者所親惟射為可國語曰禘郊之事天子必自射其牲〔疏〕凡祭至弓矢○釋曰言凡語廣則天地宗廟皆有射牲之事○注射牲至其牲○釋曰言殺牲非尊者所親惟射為可者按禮記君親制祭詩云執其鸞刀以啟其毛則射外兼為而言惟射者彼亦示行之非正制之耳引國語者欲見有射牲之事彼據祭天而言**澤共射椹質之弓矢**鄭司農云澤澤宮也所以習射選士之處也射義曰天子將祭必先習射於澤澤者所以擇士也已射於澤而后射於射宮射中者得與於祭○與音預〔疏〕注鄭司至於祭○釋曰此所共弓矢據王弧故上云王弓弧弓以射甲革椹質引射義欲見射椹質是試弓習武在澤宮也**大射燕射共弓矢如數并夾**如數如當射者之數也每人一弓乘矢并夾矢箙也○夾音甲注同乘繩證反四矢曰乘矢箙劉奴輒反又女十反〔疏〕注如數至箙也○釋曰知每人四矢者見大射鄉射禮皆人各乘矢也云并夾矢箙也者矢箙之言出於漢時**大喪共明弓矢**弓矢明器之用器也士喪禮下篇曰用器弓矢

〈疏〉大喪共明弓矢○釋曰云明器之用器也者明器中有用器役器役器中有甲冑干笮用器中有弓矢故鄭還引用器為證也凡師役會同頒弓弩各以其物從授兵至之儀物弓弩矢箙之屬○從才用反〈疏〉凡師至之儀○釋曰言師役據王巡狩征伐而言與會同異須弓弩則不殊也田弋充籠箙矢共矰矢籠竹箙也矰矢不在箙者為其相繞亂將用乃共之○籠力東反為于僞反〈疏〉注籠竹至共之○釋曰田謂四時田時弋謂弋鳧與鴈云充籠箙矢者籠箙皆盛矢物及矢皆共之云共矰矢者謂矢之有繳者云矰矢不在箙者以其共矰矢在箙下別言之故言不在箙也

凡亡矢者弗用則更更償也用而棄之則不償○更音庚注同

繕人掌王之用弓弩矢箙矰弋抉拾鄭司農云抉者所以縱弦也拾者所以引弦也詩云抉拾既次詩家說或謂抉謂引弦彄也拾謂韝扞也玄謂抉挾矢時所以持弦飾也著右手巨指士喪禮曰抉用正王棘若檡棘則天子用象骨與韝扞著左臂裏以韋為之○抉古穴反注同彄苦侯反韝古侯

反劉云彄字之異者扞胡旦反挾子協反一音戶牒反著丁略反或直略反下同釋劉音澤又音亦一音徒洛反與音餘之○【疏】繕人至抉拾○釋曰此繕人所掌王之用弓弩者謂司弓矢選擇大善者入繕人以共王用也○注鄭司至爲之○釋曰先鄭所解抉拾二家爲說前非後是故後鄭增成其義引士喪禮者欲見凶時有文吉時無文約出吉禮也無正文故云天子用象骨與韝用革雖不言與亦同疑可知

掌詔王射告王當射之節【疏】注告王當射之節○釋曰王射先行燕禮以大夫爲賓賓與王爲耦所告之事亦如大射禮大射正告公之儀

贊王弓矢之事授之受之【疏】注授之受之○釋曰按大射禮大射正授弓小臣授矢天子禮繕人授之受之按大僕職已授之受之此又爲者大僕尊大僕贊時此官助贊也

凡乘車充其籠箙載其弓弩充籠箙以盛矢【疏】凡乘至弓弩○釋曰繕人惟主王所乘之車而言凡乘車則除革路之外玉金象木之車車皆有右備制非常皆充其籠箙及所載弓矢○注充籠箙者以矢○釋曰以籠是盛矢器今云充之明所充實者是矢可知也

既射則斂之斂藏之也詩云彤弓弨兮受言藏之○弨

呂還反（疏）注斂藏至藏之○釋曰所斂者惟據王所乘車上有弓矢者既射還斂取藏之引詩證既射弛而藏之義也

無會計　亡敗多少不計○會古外反（疏）無會計○釋曰以其王所費損故不會計之下大會同後會計之類放此

槀人掌受財于職金以齎其工　齎其工者給市財用之直○齎音咨後皆同也（疏）槀人至其工○釋曰掌受財于職金者謂有罪人出贖之物金罰貨罰故須財者往受之○注齎其至之直○釋曰弓弩矢箙皆是冬官百工造之故云齎其工者給市財用之直也

弓六物爲三等弩四物亦如之　三等者上中下人各有所宜弓人職曰弓長六尺六寸謂之上制上士服之弓長六尺三寸謂之中制中士服之弓長六尺謂之下制下士服之弩及矢箙長短之制未聞（疏）弓六至如之○釋曰弓人惟云弓之長短不言弩之長短蓋當與弓同但無文故注亦云未聞○注三等至未聞○釋曰云三等者上中下人各有所宜者皆據凡人長短爲上中下士非謂命數者也此經惟言弓弩不言矢箙以下經有矢箙因此弩并

云未聞按矢人造矢云五分其長而羽其一注云羽者六寸其羽六寸則矢長三尺而此云矢未聞者彼矢長三尺約而言之亦無正文且弓之長短旣不同明矢亦當有差等其矢之差等未聞及箙亦未聞也但弓六物爲三等不言皆者下別言弩故六弓不言皆下矢八物皆三等言皆者矢八物中兼有弩矢故須言皆也 矢八物皆三等箙亦如之春獻素秋獻成 矢箙春作秋成○疏 矢八至獻成○釋曰按司弓矢注弓弩各有四矢應作四等而言三等蓋據長短爲三等法矢人注矢長三尺者假設言之弩旣無長短之文矢亦未聞長短也若然箙隨矢長則弓之矢箙與弓矢齊弩之矢箙亦與弩矢齊但矢旣未聞故箙亦未聞也○注矢箙春作秋成○釋曰按士喪禮明器有獻素獻成注云形法定爲素飾治畢爲成此矢箙亦然 書其等以饗工 鄭司農云書工功拙高下之等以制其饗食也玄謂饗酒肴勞之也上工作上等其饗厚下工作下等其饗薄○勞洛報反 ○疏 注鄭司至饗薄○釋曰按下文自有下上其食此文饗據以酒肴饗之先鄭以饗爲食非故後鄭不從後鄭不言中饗者舉有上下明有中可知也 乘其事試其弓弩以

下上其食而誅賞鄭司農云乘計也計其事之成功也故書試爲考玄謂考之而善則上其食尤善又賞之否者反此○〔疏〕注鄭司至反此○釋試音考出注下上時掌反注同曰云故書試爲考後鄭亦從考爲義也乃入功于司弓矢及繕人功成凡齎財與其出入皆在槀人以待會而攷之亡者闕之皆在槀人者所齎工之財及弓弩矢箙出入其簿書槀人藏之闕猶除也弓弩矢箙棄亡者除之計今見在者○見賢遍反〔疏〕乃入至闕之○釋曰數事皆在槀人者以槀人是弓矢官之主故皆有簿書藏之也

戎右掌戎車之兵革使使謂王使以兵有所誅斬也春秋傳曰戰於殽晉梁弘御戎萊駒爲右戰之明日襄公縛秦囚使萊駒以戈斬之○使色吏反注使謂同〔疏〕注使謂至斬之○釋曰戎右者與君同車在車之右執戈盾備制非常幷充兵中使役故云掌戎車之兵革使謂執兵著甲之使也引春秋者文二年左傳文秦晉戰於殽時因呼萊駒失戈引之者證戎右以兵革使事詔贊王鼓既告王當鼓之

節又助擊之。〔疏〕注既告至擊之○釋曰大僕已贊王鼓此亦同是助擊其餘面也

傳王命于陳中爲王大言之也○傳直宣反下注傳敦同陳直慎反劉直吝反爲于僞反下爲衆同

會同充革車會同王雖乘金路猶以革路從行也充之者謂居左也曲禮曰乘君之乘車不敢曠左〔疏〕注會同至曠左○釋曰知會同王乘金路者巾車云金路以賓是也此言充革車故知猶以革路從云充之者謂居左也者尊者左載王既不乘故戎右居左贊王處是以引曲禮爲證彼注云君在惡空其位是也

盟則以玉敦辟盟遂役之鄭司農云敦器名也辟法也玄謂將歃血者先執其器爲衆陳其載辭使心皆開辟也役之者傳敦血授當歃者○敦音對劉又都愛反沈都迴反注同歃所洽反徐所輒反〔疏〕注鄭司至歃者○釋曰先鄭以辟爲法此無取於法義故後鄭爲開辟盟者之心云將歃血者先執其器者凡盟先割牛耳盛於珠盤以玉敦盛血戎右執此敦血爲陳其盟約之辭使心開辟乃歃之

贊牛耳桃茢鄭司農云贊牛耳春秋傳所謂執牛耳者故書茢爲滅杜子春云滅當爲厲玄謂尸盟者割牛耳取血助爲之及血在敦中以桃茢沸之又助

之也。耳者盛以珠盤尸盟者執之桃鬼所畏也茢苕帚所〔疏〕以埽不祥。茢音列沈音例盛音成苕音條帚之受反

注鄭司至不祥。釋曰引春秋者按哀十七年公會齊侯盟于蒙孟武伯問於高柴曰諸侯盟誰執牛耳季羔曰鄫衍之役吳公子姑曹注云在七年發陽之役衛石魋注云發陽鄭也。在十二年武伯曰然則彘也以其魯於齊爲小國故也云玄謂尸盟者割牛耳者尸盟即是小國也云桃鬼所畏也茢苕帚所以埽不祥者殺牲取血旁有不祥故執此二者於血側也

齊右掌祭祀會同賓客前齊車王乘則持馬行則陪乘　齊車金路王自整齊之車也前之者已駕王未乘之時陪乘參乘謂車右也齊右與齊僕同車而有祭祀之事則兼玉路之右然則戎右兼田右與。齊側皆反下齊車齊僕皆同乘劉繩證反沈音繩與音餘

〔疏〕注齊車至右與。釋曰云前之者已駕王未乘之時者之時在馬前備驚奔也云陪乘者王與僕及車右爲參乘也云齊右與齊僕同車而有祭祀之事則兼玉路之右者齊僕

同乘金路惟可據齊時今此經云祭祀不言齊明是兼祭祀乘玉路時爲右可知也以其玉路有五其右惟有齊右道右三者不見祀右及田右祭祀時亦名齊田與戰伐俱用兵可以相通故知齊右兼玉路右戎右兼田右也無正文故云與之也以疑

凡有牲事則前馬 王見牲則拱而式居馬前卻行備驚奔也曲禮曰國君下宗廟式齊牛。拱居勇反卻音却

〔疏〕注王見至齊牛。釋曰云王見牲則拱而式者凡男子立乘前視五巂若有敬事則式式視馬尾當須端拱故云拱而式也居馬前卻行備驚奔也者以其王既拱而式是以齊右居馬前卻行備驚奔故也引曲禮曰國君下宗廟式齊牛者按彼經云國君式宗廟下齊牛此所引不同者但宗廟尊宜下將彼經爲誤故鄭改之依正而言也

道右掌前道車王出入則持馬陪乘如齊車之儀 道車象路也王行道德之車

〔疏〕注道車至之車。釋曰齊右云王乘則持馬此云王出入則持馬文不同者爲右之義不異不同者互換爲義故也云道車象路也王行道德之車者若言象據飾爲名言道爲稱是以

大司馬亦云道車

自車上諭命于從車

自田○從才用反下及注同馭夫職放此

（疏）自車至從車○釋曰按馭夫掌馭貳車從車彼注貳車象路之副從車戎路田路之副此所論從車即彼貳車與彼從車別同名耳

詔王之車儀

顧式之屬

（疏）注顧式之屬○釋曰禮云式視馬尾顧不過轂皆是車上威儀故須詔之齊右不云者文不具

王式則下前馬王下則以蓋從

以蓋從表尊

（疏）注以蓋從表尊○釋曰蓋有二種一者禦雨二者表尊此則表尊之蓋也

大馭掌馭王路以祀及犯軷王自左馭馭下祝登受轡犯軷遂驅之

行山曰軷犯之者封土爲山象以菩芻棘柏爲神主既祭之以車轢之而去喻無險難也春秋傳曰跋涉山川自由也王由左馭禁制馬使不行也故書軷作罰杜子春云罰當爲軷軷讀爲別異之別謂祖道轢軷磔犬也詩云載謀載惟取蕭祭脂取羝以軷詩家說曰將出祖道犯軷之祭也聘禮曰乃舍軷飲酒于其側禮家說亦謂道祭○軷蒲末反注跋涉同祝之又反菩音負一音倍芻蒭俞反轢音歷難乃旦反別

彼列反下同礫陟格反羝丁兮反舍音釋

【疏】大馭至驅之○釋曰此據祭天之時故有犯軷之事云及犯軷者出國門封土爲山象祭軷王在左自馭馭下祝登受取王手之轡犯軷遂驅之而出○注行山至道祭○釋曰言行山曰軷者謂水行曰涉山行曰軷云封土爲山象者鄭注月令祀行之禮爲軷壇厚三寸廣五尺此道祭亦宜然云菩芻棘柏爲神主者謂於三者之中但用其一以爲神主則可也云既祭之以車轢之而去喻無險難也者祭天在近郊雖無險難審慎故也引春秋傳曰者按襄二十八年子大叔云跋涉山川蒙犯霜露以逞君心是其山行曰軷之事也子春讀軷爲別異之別者蓋取軷訖行去之意引聘禮大夫道祭者無牲牢酒脯而已又於旁飲酒餞別故云飲酒於其側也

及祭酌僕僕左執轡右祭兩軹祭軓乃飲

故書軹爲軒軓爲範○杜子春云文當如此左不當重重非是書亦或如子春言又云軒當作軹軹謂兩轊也其或言軷亦非是又云軓當爲軋軋謂車前軾也或讀軒爲簪笄之笄○軹音止軓音犯注軓同軒劉音雞重直龍反轊音衛軌當媚美反又音犯

【疏】及祭至乃飲○釋曰此云及祭酌僕者即上文將犯軷之時當祭左右轂末及軾前乃犯軷而去酌僕者也

使人酌酒與僕僕即大馭也大馭則左執轡右手祭兩軹并祭軌之軾前三處訖乃飲飲者若祭末飲福酒乃始轢軷而去○注故書至之笄○釋曰云謂兩轄者轄即轂末云軌當爲軋軋謂車軾前也者按少儀祭左右軌范乃飲注云周禮大馭祭兩軹祭軌乃飲軌與軹於車同謂轄頭也範與范聲同謂軾前也若然此云軹少儀作軌軌與車轍之軌同名此云軌少儀云范同是軾前也

凡馭路行以肆夏趨以采薺

凡馭路謂五路也肆夏采薺樂章也行謂大寢至路門趨謂路門至應門○薺才私反

疏 凡馭至采薺○釋曰樂師亦有此法彼下有車亦如之即上云行趨者據步迎賓客法此既馭路亦云行趨○行趨者此雖馭路行趨○遲疾惟步迎賓客爲法故雖車亦行趨也○注凡馭至應門○釋曰此大馭惟馭玉路而云謂五路者大馭雖馭玉路以經云凡所含廣則餘四路亦准玉路爲法故云五路也若然迎賓客惟乘金路餘四路雖不用迎賓客至於乘車皆自內而出自外而入經路寢及門故鄭據大寢爲正也云肆夏采薺樂章也者肆夏在鍾師與九夏同是樂章可知其采茨雖逸詩既與肆夏同歌明亦樂章也知行謂大寢至路門趨謂路門至應門者爾雅云堂上謂之行門外謂之趨行雖在堂亦人之行由堂始故發堂

至門皆謂之爲行故云行謂大寢至路門趨謂路門至應門也鄭注樂師云及入應門路門亦如之此注不言亦同於彼也若然應門外亦應有樂節但無文故鄭亦不言也

凡馭路儀以鸞和爲節舒疾之法也鸞在衡和在軾皆以金爲鈴○鈴音零

疏注舒疾至爲鈴○釋曰鄭知鸞在衡和在軾者鄭見韓詩傳云升車則馬動馬動則鸞鳴鸞鳴則和應乘車先馬動次鸞鳴乃和應明鸞近馬首和更近後故知鸞在衡和在軾也且按秦詩云輶車鸞鑣毛云鸞在衡鄭云鸞在鑣不從毛義者鄭以田車鸞在鑣乘車鸞在衡此云鸞在衡據乘車而言故也云皆以金爲鈴者鼓人掌四金鈴則四金之類故知用金爲之乃可得有聲也

戎僕掌馭戎車戎車革路也師出王乘以自將○將子匠反

疏注戎車至自將○釋曰此云戎車巾車云革路建太白以即戎車革路也

掌王倅車之政正其服倅副也服謂衆乘戎車者之衣服○倅七內反劉倉愛反

疏注倅副至衣服○釋曰鄭注坊記云僕右恒朝服據非在軍時若在軍則服韋弁服衆乘戎車者之衣服謂此服也言衆乘戎車者之服則副車十二乘及廣闕苹輕之倅皆是也

犯軷如玉路之儀凡巡守及兵車之會亦如之如在軍疏注如在軍○釋曰云如在軍者謂如其犯軷巡狩及兵車會亦乘革路若乘車之會即乘金路也

掌凡戎車之儀凡戎車衆之兵車也書序曰武王戎車三百兩疏注以待賓客○釋曰云凡語廣故知衆兵車即三百兩也按武王伐紂時王自巡六師則有六軍千乘及諸戎狄三分。二諸侯其車多矣只有三百兩者據陳與紂戰者而言

齊僕掌馭金路以賓以待賓客○賓如字劉方刃反疏注凡戎至互釋曰此經與下為目所待賓客即下文是也

朝覲宗遇饗食皆乘金路其灋儀各以其等為車送逆之節節謂王乘車迎賓客及送相去遠近之數上公九十步侯伯七十步子男五十步司儀職曰車逆拜辱又曰及出車送○乘車如字疏注節謂至車送○釋曰受享於廟則迎之大行人云上公九十步介九人擯者五人廟中將幣三享鄭注云朝先享不言朝朝

正禮不嫌有等是春夏受贄於朝無迎法受享則有之秋冬一受之於廟亦無迎法故郊特牲云覲禮天子不下堂而見諸侯是受贄受享皆無迎法今言朝覲宗遇饗食皆乘金路者謂因此朝覲宗遇而與諸侯行饗食在廟即有乘金路迎賓客之法也云上公九十步已下大行人文彼據受享於廟非饗食禮也引之者欲見饗食迎賓與受享同司儀所云亦據受饗食之禮也

道僕掌馭象路以朝夕燕出入其灋儀如齊車 朝夕朝朝莫夕○朝夕直遙反注朝夕同朝朝上如字下直遙反莫夕音暮

（疏）注朝夕朝莫夕○釋曰朝朝莫夕在正朝來往而言燕者以其在宮中行事皆稱燕

掌貳車之政令 貳亦副○

（疏）注貳亦副○釋曰上文戎僕倅車云副故此貳亦副也

田僕掌馭田路以田以鄙 田路木路也田田獵也鄙循行縣鄙○行下孟反

（疏）注田路至縣鄙○釋曰云田路木路也者按巾車云木路建大麾以田故知田路即木路也云田田獵也者據

四時田也云鄙循行縣鄙者謂在百里外六遂之中王巡六遂縣鄙則六鄉州黨巡之可知舉遠以明近也

掌佐車之政 佐亦副 疏 注佐亦副○釋曰天子尊故戎車田車之二有別名諸侯卑戎車田車之二同曰佐無倅名是以檀弓云戰於乘丘公隊佐車授綏少儀注亦云朝祀之副曰貳戎獵之副曰佐也

設驅逆之車 驅驅禽使前趨獲逆銜還之使不出圍○驅如字又起遇反後同銜本又作御同五嫁反 疏 注驅驅至出圍○釋曰按王制云大夫殺則止佐車佐車止則百姓田獵彼佐車則此驅逆之車也

令獲者植旌 以告獲也植樹也○植直吏反又時力反樹如字又一音豎 疏 注以告至樹也○釋曰按山虞植旗屬禽此官又云植旌比禽者彼此共其事故並見之

及獻比禽 田弊獲者各獻其禽比種物相從次數之○比毗志反次也注同種章勇反下同數所主反 疏 注田弊至數之○釋曰大司馬春火弊夏車弊秋羅弊冬徒弊弊止也田止百姓所得禽大獸公之小禽私之公之者獻於旌下每禽擇取三十其餘爲主皮之射而取之故云比種物相從次數之也

凡田王提馬而走諸侯晉

大夫馳 提猶舉也晉猶抑也使人叩而舉之抑之皆止奔也馳放不抑○叩音口下同 疏 凡田至夫馳○釋曰凡田亦謂四時田天子發抗大綏諸侯發抗小綏大夫下君不得云綏云大夫發止佐車其時有提馬晉馬之事云提避於馳皆使尊者體促之義也

馭夫掌馭貳車從車使車 貳車象路之副也從車戎路田路之副也使車驅逆之車 疏 注貳車至之車○釋曰知貳車是象路之副者以道僕云掌貳車之政令故知之也知從車是戎路田路之副者見戎僕與田僕俱不言貳田與戎俱是職煩故知兼此二者也不掌戎路金路之副者貳者事暇蓋車僕不共掌也知使車是驅逆者以使役勞劇之事故知是驅逆之車也

分公馬而駕治之 乘調六種之馬○釋曰趨馬自主 疏 注乘調六種之馬○釋曰趨馬自主駕脫故知此駕治者是調習之也

附釋音周禮注疏卷第三十二

知南昌府張敦仁署鄱陽縣候補知州周澍栞

周禮注疏卷三十二挍勘記　阮元撰盧宣旬摘錄

附釋音周禮注疏卷第三十二

弁師

延冕之覆在上　段玉裁云皇侃本作冕延之覆在上

廣袤以冠縱　監本縱譌縱禮説作廣袤似冠縱云俗本誤縱之廣袤爲之廣袤也　似爲以賈疏不明○按作以自不誤讀以冠

垂於延前后　惠挍本后作後下同漢制考引此亦作後

垂於延之前后　閩監毛本同余本嘉靖本后作後當據正

云紘一條屬兩端於武者　監本紘誤緐

諸侯之繅斿九就　諸本同唐石經原刻作諸侯之繅九就後剐磨重刻繅下增斿按賈疏引經云諸公

之繅九就無斿字與石經原刻合此猶上言玉繅十有二就繅下不當有斿也

其餘謂延組閩監本同誤也余本嘉靖本毛本組作紐當據正

每繅九成則九旒也漢讀考云案此當云每繅九成則九斿斿九玉也今本似脱誤

故書璿作璑此本璑省作玩閩本誤爲玩漢讀考云說文璑璑采玉也從周禮故書

諸公云繅九就閩監本同毛本公改侯非此依注作公諸公云繅九就當作云諸公之繅九就

檜用組岳本檜作擔從手下同

沛國人謂反紒爲髻葉鈔釋文作反紛云本又作紒

堪讀如薄借綦之綦賈疏亦作讀如漢讀考作讀爲

邸下柢也監本柢誤抵

大如緦之麻經按當乙作緦麻之經故疏無麻字

冕而無旒　閩監毛本同余本岳本嘉靖本旒作斿當據正

則依命數矣　惠挍本矣作耳

元冠纚布衣纚帶素鞸　浦鏜云緇並誤纚韠誤鞸

司甲

闕　此本閩監本並脫此注余本嘉靖本毛本皆有此字今據補

司兵

故云淫淫爲陳　按此當衍一淫

後鄭皆不從者以爲厥與解之者　浦鏜云上者爲皆之譌屬下

釋曰鄭司農所云者是也　浦鏜云下當脫者

司戈盾

分與授用余本閩監毛本同宋本嘉靖本授作受

祭祀授旅賁殳監本旅誤旅毛本誤旅下及注並同

車有五等當從監毛本作六等閩本亦誤五

司弓矢

檿弧箕箙毛本同閩監本檿誤壓○按箕从竹非也當作其

以授射甲革椹質者監本椹誤棋說文弓部引周禮六弓作王弓弧弓以射甲革甚質甚蓋古椹字

夾弓庾弓唐石經諸本同釋文庾弓師儒相傳讀庾當本作庾弓師儒相傳讀庾故下云本亦作庾

椹字或作鞎閩監本同余本嘉靖本毛本云或爲鞎宋本云或作鞎誤○按以古文假借論之未見鞎誤也鞎字不見於說文及古書恐是鞎之誤字但其誤久矣

彤弓旅弓之等是也毛本作旅弓此施卽旅之訛監本改旅按古旅字多作旅作施

御靡旌壁壘而還之類也　閩本同監毛本壁作靡皆誤當作摩壘

恒矢痺矢　閩監毛本同唐石經余本嘉靖本痺作庳當據正注同此本疏中不誤石經考文提要云宋本九經宋纂圖互注本宋附釋音本皆作庳矢

絜矢鍭矢　此本及余本鍭誤鏃今據諸本訂正下同

前於重後微輕　程瑤田通藝錄作前於後重微輕謂其前於後殺鍭二矢之尤重者微輕也轉寫訛互作重後

庳矢象焉　此庳字毛本誤痺閩監本不誤疏中閩本不誤

庳矢讀爲人罷短之罷元謂庳讀如痺病之痺　余本嘉靖本同監毛本庳皆誤痺閩本庳矢之庳不誤疏中仍誤漢讀考讀如作讀爲痺病之痺作痹痹病之痹下痺字同○按說文有痹無痺

云體往來之衰也者 閩本同監本體誤禮毛本遂删去

授兵至之儀 閩監毛本同誤也唐石經余本岳本嘉靖本作授兵甲之儀當據以訂正石經考文提要云宋本九經宋纂圖互注本宋附釋音本皆作甲

爲其相繞相將用乃共之 閩本同誤也余本嘉靖本監毛本作爲其相繞亂當據正

繕人

抶用正王棘若檡棘 余本岳本嘉靖本同閩監毛本檡作擇按釋文出若檡二字

充籠箙以盛矢 余本閩監毛本同誤也宋本嘉靖本作充籠箙者以矢此本疏中標注同與賈疏本正合因疏語有以籠是盛矢器之言遂誤改此注釋文無盛字音也

注充籠箙者以矢 閩監毛本改充籠箙以盛矢誤甚

引詩證既射弛而藏之義也 閩監毛本弛作弛

槀人

但無文故注亦云未聞　閩本同監毛本增作但無正文

戎右

襄公縛秦因使萊駒以戎斬之　閩監毛本同誤也余本嘉靖本戎作戈當據正監本縛誤縛○按據左傳是戈字

并充兵中使役　毛本作兵革

彼注云君在　浦鏜云存誤在

盟則以玉敦辟盟　唐石經諸本同余本盟則誤倒

以桃茢沸之　閩本同與玉府疏所引合余本嘉靖本監毛本沸作拂○按沸恐是誤字作拂爲是

所以掃不祥　嘉靖本掃作埽疏中引注諸本同

發陽鄖也　浦鏜云地誤也

齊右

以其玉路有五其右惟有齊右道右三者　浦鏜云王誤玉道右下脫

戎右二字

道右

王行道德之車　按疏云言象據飾爲名言道據行道爲稱然則此德字誤衍也

言道爲稱　監毛本言道下有據行道三字此本閩本脫

大馭

掌馭王路以祀　閩監本同誤也唐石經余本嘉靖本毛本作玉路當訂正石經考文提要云宋本九經宋

槧圖互注本宋附釋音本皆作玉路

及犯軷　漢讀考云說文軷出將有事於道必先告其神立壇四通樹茅以依神爲軷既祭軷轢於牲而行爲範軷從車犮聲範範軷也從車笵省聲讀與犯同按許君所見周禮作範笵故書也範爲正字則犯爲假借字與今義迥異

罰當爲軷　毛本當誤賞

軷讀爲別異之別　漢讀考作讀如云此字既定作軷不當又易爲別故下文稱詩禮作軷證之○按讀如別者擬軷之音耳非易其字也

爲軷壇厚三寸　浦鏜云壇誤壝二誤三

踰無險難也　浦鏜云喻誤踰

祭軌乃飲　余本嘉靖本同唐石經缺閩監毛本軌誤軓釋文作祭軓云音犯注軓同石經考文提要云五經文字曰軓車前式也見周禮宋本九經宋附釋音本皆作軓○按車前式乃車軾前之誤

故書軓爲軒　戴震云轂末出輪外似笄出髮外也軒軓軌軌四字經傳中往往訛溷先儒以其所知改

所不知於是經書字書不復有斬字矣漢讀考云轊耑之鍵曰舝亦曰斬謂制轂之鐵豎貫軸頭有似叉首之笄也子春易爲軹則與轊內之軨同名矣

軌爲範嘉靖本毛本同誤也余本閩監本軌作軓漢讀考云當作軌爲軓

軌當爲軓嘉靖本監毛本同誤也余本岳本作軌當爲軓閩本作軌當爲範漢讀考云當作軓當爲軌

軓謂車前軾也余本監本並同閩本軓改範皆誤也賈疏嘉靖本毛本作軓謂車軾前當據正今本作前軾誤倒漢讀考云軓當作軹軓非車軾前也詳考工記

凡馭至釆薺監本薺誤齊下同

節上云行趨者閩監毛本趨作趨下同

此大馭惟馭玉路監本玉誤王

亦准玉路爲法也閩本同監毛本准作惟惠挍本作推非

注舒疾至鈴也閩本同監毛本改舒疾至爲鈴今本注中無也

則皆以金爲鈴者閩本同監毛本則改云

戎僕

革路建大白以即戎車革路也補毛本重戎字此誤脱

及廣闕革輕之倅皆是也閩本革作苹當據正

三分二諸侯按分下當脱有字

據陳與紂戰者而言閩本同監毛本陳上增在

齊僕

車逆拜辱嘉靖本逆誤送

道僕

注二亦副 閩監毛本二作貳下同

田僕

故戎車田車之二有別名 閩監毛本二作貳馭夫疏同此處下文閩監本亦作二

使人叩而舉之 余本閩本同嘉靖本監毛本叩作扣此本下亦作扣案釋文作扣余本載音義同○按說文扣牽馬也故此注云使人扣而舉之不得作叩叩字說文所無敂之俗體也

馭夫

不掌戎路金路之副者 閩本同誤也監毛本戎作玉當據正

周禮注疏卷三十二校勘記終

南昌袁泰開校

附釋音周禮注疏卷第三十三

鄭氏注　賈公彥疏

校人掌王馬之政政謂差擇養乘之數也月令曰班馬政○〔疏〕注政謂至馬政○釋曰此經與下爲目下亦有邦國及家而云王馬者以尊爲主鄭云政謂差擇養乘之數也者經辨六馬是差擇也下云凡頒良而養乘是養乘也引月令者謂季秋之令彼注云馬政謂齊其色度其力使同乘引此職凡軍士物馬而班之皆是馬政故引爲證也辨六馬之屬種馬一物戎馬一物齊馬一物道馬一物田馬一物駑馬一物種謂上善似母者以次差之玉路駕種馬戎路駕戎馬金路駕齊馬象路駕道馬田路駕田馬駑馬給宮中之役○〔疏〕注種謂至之役○釋曰六者皆有毛物不同故皆以物言之也此六者先善後惡次第而言也種馬上善似母者以其言種故知似母但種類亦有似父而言似母者以母爲主也知種馬駕玉路已下差次如此者以其言戎道田以事爲名則知戎

馬駕戎路道馬駕道車田馬駕田路以此五者種馬最在上駕玉路可知駑馬最在下五路之外給役可知凡頒良馬而養乘之乘馬一師四圉三乘爲皁皁一趣馬三皁爲繫繫一馭夫六繫爲廄廄一僕夫六廄成校校有左右駑馬三良馬之數麗馬一圉八麗一師八師一趣馬八趣馬一馭夫良善也善馬五路之馬鄭司農云四疋爲乘養馬爲圉故春秋傳曰馬有圉牛有牧玄謂二耦爲乘師趣馬馭夫僕夫帥之名也趣馬下士馭夫中士則僕夫上士也自乘至廄其數二百一十六匹易乾爲馬此應乾之策也至校變爲言成者明六馬各一廄而王馬小備也校有左右則良馬一種者四百三十二匹五種合二千一百六十匹駑馬三之則爲千二百九十六匹五良一駑凡三千四百五十六匹然後王馬大備詩云騋牝三千此謂王馬之大數與麗耦也駑馬自圉至馭夫凡馬千二十四匹與三良馬之數不相應八皆宜爲六字之誤也師十二匹趣馬七十二匹則

馭夫四百三十二匹矣然後而三之既三之無僕夫者不鴐於五路卑之也○乘繩證反注及下注乘匹同圉魚呂反阜才早反趣倉走反劉沈清須反下同繫音計本亦作轂廄九又反應應對之應筴初革反駷音來牝頻忍反劉又扶忍反數與音餘下禮與皆同○

疏凡頒至馭夫○釋曰言頒良馬對下別言駑馬養馬有多少不同故別言良馬也言養乘之者已下皆四四爲耦是因養馬乘習之○注良善至之也○釋曰云善馬五路之馬者據上文而言之也春秋傳曰者昭七年楚芋尹無宇執人於王宮言馬有圉牛有牧引之證養馬爲圉也玄謂師趣馬馭夫僕夫帥之名也者皆以寡領衆故知主帥之名也云趣馬下士馭夫中士則僕夫上士也序官有趣馬下士阜一人徒四人馭夫中士二十人無僕夫大士數之文以此文官尊者管卑者馭夫既中士明僕夫上士可知云自乘至廄其數三百一十六匹易乾爲馬此應乾之筴也者按易天一生水北方地二生火南方天三生木東方地四生金西方天五生土中央是謂陽無匹陰無耦又地六成水北方天七成火南方地八成木東方天九成金西方地十成土中央是謂陽有匹陰有耦竊取生數一二三四五蓍取成數六七八九十若然東方南方生長之方故七爲少陽八爲少陰西方北方成熟之方故九爲老陽六爲老陰不

取十者中央配四方故也是以易之六爻卦畫七八爻稱九六七八九六既配四方故九六皆以四乘之乾之六爻以四乘九四九三十六六爻故二百一十六是爲乾之策也云校有左右則良馬一種者四百三十二匹者經云六廄成校一廂言之王馬小備下云校有左右則十二廄爲十二閑若據一廂一廄爲二百一十六匹據兩廂倍之故四百三十二匹種别四百三十二匹五種計之自然揔合二千一百六十匹又駑馬三良馬之數三个四百三十二則得千二百九十六匹五良一駑揔計自然凡三千四百五十六匹對前小備故云然後王馬大備也詩云騋牝三千此衛文公滅而復興從而能盛計諸侯止合六閑馬其三千是王馬之數雖非禮制國人美之故鄭云王馬之大數言大數者不言四百五十六故也言與者約同王馬之數故言與以疑之也云駑馬自圉至馭夫凡馬千二十四匹與三良之數不相應者依經八計之得此千二十四匹其三良馬有千二百九十六匹故言不相當若作六計得千二百九十六匹與三良馬數合故破從六也按此經乘馬一師四圉三乘爲皁皁一趣馬三皁爲繫繫一馭夫按序官云趣馬下士皁一人徒四十八人即此以云皁一趣馬合自師至馭夫中士二十人下士四十人并之六十正充此良馬之馭夫又不見駑之馭夫者或脱也○

天子十有二閑馬六種邦國六閑馬四種家四閑馬二種降殺之差每廄爲一閑諸侯有齊馬道馬田馬大夫有田馬各一閑其駑馬則皆分爲三焉○殺所界反〔疏〕注降殺至三焉○釋曰天子十二閑六種義已在上云諸侯有齊馬道馬田馬大夫有田馬各一閑其駑馬皆分爲三焉者以駑馬三良之數上下同故爲此解趙商問校人職天子有十二閑六種爲三千四百五十六匹邦國六閑馬四種爲二千五百九十二匹家四閑馬二種千七百二十八匹商按天子之卿采地食小都大夫食縣不審所由當能共此馬數故禮記家富不過百乘謂其多也司馬法論之甸方八里有戎馬四匹長轂一乘今大夫采地四甸○一甸之稅○又給王其餘三甸纔有馬十二匹今又就校人之職相○校○人○之○職相校甚異何荅曰邦國六閑四種其數適當千二百九十六匹家有四閑二種又當八百六十四匹今子以何術計之乎此馬皆君之所制爲非謂民賦畿內百里之國者居四都五十里之國居四縣二十五里之國居四甸而引天子卿食小都大夫食縣欲何以難又司馬法甸有戎馬四匹長轂一乘此爲民出軍賦無與於天子國馬之數事條未理而多紛紜趙商云邦國二千五百九十二匹者

謂三良一良四百三十二匹三良千二百九十六匹駑三其一種亦千二百九十六匹故合爲二千五百九十二匹家四閑馬二種爲千七百二十八匹謂良馬二種四百三十二匹駑馬一種三良馬一種亦千二百九十六匹并之千七百二十八匹正合於數鄭不從者天子十二閑分爲左右一種馬分爲兩廄故一種馬有四百三十二匹諸侯及大夫直一廄不分爲左右則良馬惟有三廄三良居三廄其數六百四十八匹駑馬亦三其一種其數亦六百四十八匹并之千二百九十六匹家有二種一良一駑良居一廄二百一十六匹駑馬三之爲六百四十八匹并之爲八百六十四匹故鄭氏云子以何術計之

凡馬特居四之一

欲其乘之性相似也物同氣則心一鄭司農云四之一者三牝一牡

〔疏〕注欲其至一牡○釋曰云欲其乘之性相似也者是使三牝各產其一通牡爲四共駕一車取同氣一心之義

春祭馬祖執駒

馬祖天駟也孝經說曰房爲龍馬鄭司農云執駒無令近母猶攻駒也二歲曰駒三歲曰駣玄謂執猶拘也春通淫之時駒弱血氣未定爲其乘匹傷之○令力呈反下令皆同近附近之近駣徐音肇劉音道李湯堯反沈徒刀反爲于僞反下爲蹄齧同

〔疏〕注馬祖至傷之○釋曰馬與人異無先祖可尋

而言祭祖者則天駟也故取孝經說房爲龍馬是馬之祖春時通淫求馬蕃息故祭馬祖先鄭云二歲曰駒三歲曰駣爾雅文云玄謂春通淫之時駒弱血氣未定爲其乘匹傷之者論語孔子云血氣未定戒之在色馬亦如此故引之而言也按月令仲夏縶騰駒注云爲其牝氣有餘相蹄齧彼牝氣有餘相蹄齧縶之不爲駒弱者縶有二種此謂三歲者彼據馬之大者故不同也

夏祭先牧頒馬攻特　先牧始養馬者其人未聞夏通淫之後攻其特爲其蹄齧不可乘用鄭司農云攻特謂騬之○蹄大計反又音啼後同騬音繩又音繩　疏　注先牧至騬之　釋曰知先牧是養馬者以其言先牧是放牧者之先知是始養馬者祭之者夏草茂求肥充云攻特者夏通淫後攻其特爲其相蹄齧不可乘用故也

秋祭馬社臧僕　馬社始乘馬者世本作曰相土作乘馬鄭司農云臧僕謂簡練馭者令皆善也玄謂僕馭五路之僕○臧子郎反相息亮反　疏　注馬社至之僕　釋曰秋祭馬社者秋時馬肥盛可乘用故祭始乘馬者秋而臧僕者亦秋時萬物成教之使善

冬祭馬步獻馬講馭夫　馬步神爲災害馬者獻馬見成馬於王也馭夫馭貳車從車使車者講猶簡習○見賢遍反下同從

才用〔疏〕注馬步至簡習○釋曰馬神稱步謂若玄冥之步反　人鬼之步之類步與酺字異音義同云獻馬見成馬於王也者以秋時萬物成亦獻成馬於王也云馭夫馭貳車從車使車者馭夫文也云講猶簡習者亦謂秋時物成講之使成也

凡大祭祀朝覲會同毛馬而頒之毛馬齊其色也頒授當乘之○毛如字劉莫報反〔疏〕注毛馬至乘之○釋曰此三者皆須馬從王故知毛馬而頒之爲齊其色者按毛詩傳云宗廟齊豪尚純也戎事齊力尚强也田獵齊足尚疾也爾雅亦云雖據宗廟至於田獵軍旅旣尚疾尚力亦尚色也故下云凡軍事物馬而頒之是尚力也詩云四騵彭彭武王所乘又云四鐵孔阜秦襄公以田是齊色不專據宗廟

飾幣馬執扑而從之鄭司農云校人主飾之也幣馬以馬遺人當幣處者也聘禮曰馬則北面奠幣于其前士喪禮下篇曰薦馬纓三就入門北面交轡圉人夾牽之馭者執策立于馬後○扑普卜反劉方溝反遺惟李反〔疏〕注鄭司至馬後○釋曰先鄭云以馬當幣處者見經云飾幣馬馬可飾幣非可飾之物又見下文凡國之使者共其幣馬注云使者所用私覿則知此直以馬遺人無幣且王家遺人無廷實故覲禮勞侯氏用璧

無庭實也引聘禮者按聘禮此謂賓入境展幣時布幕茈皮則陳於幕上馬則於幕南北面奠幣於其前引之者證彼則有幣有馬引士喪禮下篇者據將葬朝廟時陳設之事馬爲擬乘車所駕故薦之纓三就者謂馬騑三成舒之入門北面者陳之於廟庭也言交轡者士兩馬二人牽之引之者證馬有飾之事也

凡賓客受其幣馬　賓客之幣馬來朝聘而享王者（疏）注賓客至王者○釋曰言賓客來享者是也使客來聘享王者玉朝享王者大行人云廟中將幣三人職琢圭璋璧琮以覜聘者也

大喪飾遣車之馬及葬埋之　言埋之則是馬塗車之芻靈○埋亡皆反本又作貍（疏）注言埋至芻靈釋曰言遣車則雜記注天子九乘苞大遣奠牲體乘別大牢苞九个入壙藏之於椁內覵外者云塗車之芻靈者按檀弓孔子云塗車芻靈自古有之謂爲俑者不仁俑謂偶人所作孔子善古而非周則古者以泥塗爲車芻靈謂以芻草爲人馬神靈至周塗車仍存但刻木爲人馬替古者芻靈今鄭云塗車之芻靈則是仍用芻靈與檀弓違者至周實用俑者但鄭舉古之芻靈況周耳非謂周家仍用芻靈也

田獵則帥驅逆之車　帥猶將也（疏）田獵至之

車○釋曰驅逆之車田僕設之但校人主車馬帥領田僕而已

凡將事于四海山川，則飾黃駒。四海猶四方也王巡守過大山川則有殺駒以祈沈禮與玉人職有宗祝以黃金勺前馬之禮○沈直金反劉直蔭反

疏 凡將至黃駒○釋曰謂王行所過山川設祭禮之然後去則殺黃駒以祭之山川地神土色黃故用黃駒也○注四海至之禮○釋曰云四海猶四方也者王巡狩惟至方岳不至四海夷狄故以四海爲四方云有殺駒以祈沈禮與者爾雅云祭山曰庪縣祭川曰浮沈今鄭云以祈沈者揔解過山川二事言與者爾雅據正祭此則行過之約與彼同故云與以疑之也引玉人職者按彼有大璋中璋邊璋過大山川用大璋過中山川用中璋過小山川用邊璋下云黃金勺青金外朱中此三璋之勺也云黃金勺者即彼三璋之勺也云前馬之禮者以黃金勺酌酒禮山川在馬牲前之禮引之者證過山川設禮用馬牲之事也

凡國之使者，共其幣馬。使者所用私覿○使所吏反注同

疏 注使者所用私覿○釋曰言國之謂王使之下聘問諸侯王行禮後乃更以此幣馬私與主君相見謂之私覿諸侯之臣與君同行不得私覿若特聘則有之則聘禮私覿是也若

然上文飾幣馬是以馬遺人法非聘故無私覿前賔客來○凡朝聘不言私覿者諸侯之臣於天子不敢行私覿故也○釋

軍事物馬而頒之物馬齊其力○疏曰上朝會言毛馬鄭云齊其色此軍事言物馬鄭云齊其力物即是色而云齊力當與上文互以見義欲見皆有力有色也○**等馭夫之祿**爲中舉中見上下疏等馭夫之祿○釋曰掌養馬者有趣馬馭夫僕夫三者皆須等其祿獨云馭夫故鄭云舉中見上下**宮中之稍食**師圉府史以下也鄭司農云稍食曰廩○疏注師圉府史以下○釋曰上云馭夫之等言士已上訖故知此是師圉府史以下中仍有胥徒之等也○

趣馬掌贊正良馬而齊其飲食簡其六節贊佐也佐正者謂校人臧僕講馭夫之時簡差也節猶量也差擇王馬以爲六等○疏注贊佐至六等○釋曰鄭云佐正者校人臧僕講馭夫之時者以其校人是養馬官之長挍人既有此諸事而云佐正明佐此二者可知云差擇王馬六等即上種戎齊道田駑是也○**掌駕說之頒**用馬之第次○說始銳反疏注用馬之

第次○釋曰凡用馬當均勞逸故駕説須依次第即須是第次之序故知是用馬之第次也○辨四時之居治以聽馭夫居謂牧庌所處治謂執駒攻特之屬○治直吏反注同庌音雅後同【疏】注居謂至之屬○釋曰云辨四時之居治者謂二月已前八月已後在廄二月已後八月已前在牧故云四時也云牧庌者放牧之處皆有庌廄以蔭馬也以趣馬下士屬馭夫中士故云聽馭夫知治是執駒攻特者以是校人之事趣馬當佐之明是此二事也

巫馬掌養疾馬而乘治之相醫而藥攻馬疾受財于校人乘謂驅步以發其疾知所疾處乃治之相助也○相息亮反注同○【疏】巫馬至校人○釋曰巫知馬祟醫知馬疾疾則以藥治之祟則辨而祈之二者相須故巫助醫也云受財者謂共祈具及藥直

馬死則使其賈粥之入其布于校人布泉也鄭司農云賈謂其屬官小吏賈人粥賣也○賈音嫁注同又音古粥音育

牧師掌牧地皆有厲禁而頒之頒馬授圉者所牧處（疏）注頒馬至牧處○釋曰圉人掌養馬者故圉人職云掌養馬芻牧之事言厲禁者謂可牧馬之處亦使其地之民遮護禁止不得使人輒牧牛馬也**孟春焚牧**焚牧地以除陳生新草也（疏）注焚牧至草也○釋曰孟春謂夏之孟春建寅之月草物將出之時牧燒焚地除陳草生新草也**中春通淫**中春陰陽交萬物生之時可以合馬之牝牡也月令季春乃合累牛騰馬遊牝于牧秦時書也秦地寒涼萬物後動○中音仲注同累力追反劉音類（疏）注中春至後動○釋曰按月令季春乃合累牛騰馬遊牝於牧彼注云此月可以合牛馬繫在廄者其牝欲游則就牧而合之若然彼不繫在廄亦二月通淫則與此經合矣今此注以爲月令秦時書秦地寒涼萬物後動與彼注不同者鄭君兩解故彼此不同也**掌其政令凡田事贊焚萊**焚萊者山澤之虞（疏）凡田事贊焚萊○釋曰焚萊自是山澤之虞當二月焚萊除陳生新之時則此官贊山澤之虞也

廋人掌十有二閑之政教以阜馬佚特教駣攻駒及祭馬祖祭閑之先牧及執駒散馬耳圉馬九者皆有政教焉阜盛壯也詩云四牡孔阜杜子春云佚當爲逸鄭司農云馬三歲曰駣二歲曰駒散讀爲中散大夫之散謂駣馬耳毋令善驚也玄謂逸者用之不使甚勞安其血氣也教駣始乘習之也攻駒制其蹄齧者閑之先牧先牧制閑者散馬耳以竹括押其耳頭動搖則括中物後遂串習不復驚○佚音逸散素但反注同駣古活反毋音無令力呈反下使令同押音甲

疏注九者至復驚○釋曰云掌中物丁仲反復扶又反十有二閑之政者此文與下九者爲目故鄭云九者皆有政教焉引詩者證阜爲盛義也子春以佚爲逸後鄭從之增成其義先鄭散讀爲中散大夫之散取音同也謂駣馬無令善驚後鄭亦增成其義後鄭云閑之先牧先牧制閑者以其通閑言之也若然上云夏祭先牧者直是先養馬者非制閑之人

正校人負選校人謂師圉也正負選者選擇可備負者平之

疏注校人至平之○釋曰知校人是師圉者凡言正者以尊正卑自趣馬已上並上官非廋人所正故知所正者

師圉馬八尺以上爲龍七尺以上爲騋六尺以上爲馬大小異名爾雅曰騋牝驪牡玄駒褭驂鄭司農云。以月令曰駕蒼龍○上時掌反下同牡茂後反驪力知反牡驪絶句牝頻忍反絶句褭奴了反劉音繞郭璞音同劉義異鄭

（疏）注大小至蒼龍○釋曰引爾雅所釋作詩騋牝三千但詩直言牝不言牡爾雅之意以詩人美衞文公直牝有三千其實兼有牡故云騋中所有牝則驪色牡則玄色兼有駒褭驂引之者證騋是馬色先鄭引月令者謂春之三月天子聽朔及祀帝皆駕蒼龍順時色引之以證龍是馬也

圉師掌教圉人養馬春除蓐釁廄始牧夏庌馬冬獻馬射則充椹質茨牆則翦闔蓐馬茲也馬既出而除之新釁焉神之也春秋傳曰凡馬日中而出日中而入故字庌爲訝鄭司農云當爲庌玄謂庌廡也廡所以庇馬者也充猶居也茨蓋也闔苫也椹質翦闔圉人所習也杜子春讀椹爲齊人言鈇椹之椹椹質所射者。習射處○蓐

音辱茨在私反闔戶臘反訝五嫁反廡亡甫反庇 疏 注蓐
必二反又音祕苫傷占反鈇方符反射食亦反 馬至
射處○釋曰圉師即校人云良馬乘一師四圉者也云夏庌
馬者即趣馬辨四時之居是也云冬獻馬者即校人冬獻馬
尊卑連事相成者也春秋傳者左氏莊二十九年新延廄書
不時延廄當於馬時故云凡馬日中而出日中而入謂春分
秋分時今之孟春新延廄故云不時也云圉人所習也者莝
取椹斬莝則苫蓋之類也皆圉人所習之事子春云椹質所
射者習射處者按司弓矢云澤則共椹質之弓矢此
云射則充椹質皆謂釋宮中試弓習武時所充也

圉人掌養馬芻牧之事以役圉師 役者圉師使令焉 疏 注役
者至令焉○釋曰乘馬一師四圉
四圉人受圉師之所使令焉 **凡賓客喪紀牽馬而入**
陳 賓客之馬王所以賜之者詩云雖無予之路車乘馬喪紀之馬啓後所薦馬 疏 注賓客至薦馬○釋
曰雖同牽馬入陳賓客與喪紀所陳有異何者若據賓客則
在館天子使人就館而陳之若喪紀則謂將葬朝廟時既夕
禮薦馬纓三就者是也天子朝廟亦當在祖廟中陳設明器
之時亦遣人薦馬及纓入廟陳之此馬謂擬駕乘車吉器最

先者也○**廄馬亦如之**廄馬遣車之馬人捧之亦牽而入陳○捧衆家並扶恭反（疏）注廄馬至入陳○釋曰此遣車則天子九乘載所苞遣奠以入壙皆人捧之云亦牽而入陳者亦於祖廟陳此明器也但遣車及馬各使人別捧故上注云行則解脫之是也

職方氏掌天下之圖以掌天下之地辨其邦國都鄙四夷八蠻七閩九貉五戎六狄之人民與其財用九穀六畜之數要周知其利害天下之圖如今司空輿地圖也鄭司農云東方曰夷南方曰蠻西方曰戎北方曰貉狄玄謂閩蠻之別也國語曰閩芊蠻矣四八七九五六周之所服國數也財用泉穀貨賄也利金錫竹箭之屬害神姦鑄鼎所象百物也爾雅曰九夷八蠻六戎五狄謂之四海○閩亡巾反又音文又亡千反漢書音義服虔音近蠻應劭音近文鄭氏音旻貉孟白反畜許六反下同芊蠻亡氏反劉音如羊鳴近米李云今周禮本或無此字國語則有○（疏）職方至利害○釋曰此文與下爲目

云辨其邦國據畿外諸侯都鄙據畿內釆地先邦國尊諸侯也云四夷者據四方之夷揔目諸方以九貉當東夷之處○注天下至四海○釋曰大司徒云掌建邦之土地之圖注云地之圖若今司空郡國輿地圖此注不言郡國者彼直掌九州不言夷狄九州之內有邦國故以郡國言之此職方兼主夷狄夷狄中漢時不置郡國惟置校尉掌之故此注亦不言郡國也先鄭云東方曰夷者以經云四夷即爲東夷也然夷之數皆言九於此獨言四不得即以爲始此不先言九夷者以其已有四夷之名爲目不可重言九夷故先從南數之也又云北方曰貉狄者先鄭既以四夷爲東方夷即以貉狄揔屬北方也玄謂閩蠻之別也國語曰閩芊蠻矣者按鄭語史伯曰蠻芊蠻矣注云謂上言叔熊避難於濮蠻隨其俗如蠻人也故曰蠻蠻彼不作閩者彼蓋後人轉寫者誤鄭玄以閩爲正叔熊居濮如蠻後子從分爲七種故謂之七閩也按經閩雖與蠻七八別數本其是一俱屬南方也云四八七九五六周之所服國數也者鄭志趙商問職方氏掌四夷八蠻七閩九貉五戎六狄之數注云周之所服國數禮記明堂位曰周公六年制禮作樂朝諸侯於明堂有朝位服事之國數夷九蠻八戎六狄五禮之○事異未達其數鄭荅職方氏四夷四方夷狄也九貉即九夷在東方八蠻在南方閩其別也戎狄之

數或六或五兩文異爾雅惟有其數耳皆無別國之名校交甚明故不定若然爾雅之數與明堂同皆數耳無別國之名校其錯可知个五六者正是數耳其事鄭不甚明之未知何者是故不定一禮兩禮俱從者是以不著其錯誤按詩序云蓼蕭澤及四海注云九夷八狄七戎六蠻謂之四海復與爾雅及禮皆不同者蓼蕭或後人轉寫者誤當以爾雅與禮為正也云財用泉穀貨賄也者財用為泉穀貨財疏已備九賦者也云利金錫竹箭之屬者按下經其利有金錫竹箭之屬是也云害神姦鑄鼎所象百物也者宣三年楚子問鼎之輕重王孫滿對云夏之方有德遠方圖物貢金九牧鑄鼎象物百物而為之備使民知神姦是也引爾雅者見數與此不同之意也○乃辨九州之國使同貫利貫事也○（疏）乃辨至貫利○釋曰職方主九州之事故須分別九州之國貫事也使同其事利不失其所也東南曰揚州其山鎮曰會稽其澤藪曰具區其川三江其浸五湖其利金錫竹箭其民二男五女其畜宜鳥獸其穀宜稻鎮名山安地德者也

會稽在山陰○大澤曰藪具區五湖在吳南浸可以爲陂灌漑者錫鑞也箭篠也鳥獸孔雀鸞鵁鶄犀象之屬故書箭爲晉杜子春曰晉當爲箭書亦或爲箭○會古外反藪素口反區起俱反浸子鴆反本又作濅陂彼宜反漑古愛反鑞音臘篠素了反鵁音交鶄音精○

疏東南至宜稻○釋曰自此已下陳九州之事揔爲三道陳之先從南方起恭取尊其陽方周改禹貢以徐梁二州合之於雍青分冀州地以爲幽并東南曰揚州次正南曰荆州周之西南不置州統屬雍州即次河南曰豫州爲一道也次正東曰青州次河東曰兗州次正西曰雍州爲二道又次東北曰幽州次河內曰冀州次正北曰并州爲三道若禹貢治水則爲二道又先從下起與此異也然既以徐梁二州合之於雍青其二道則以冀兗青徐爲一道揚荆豫梁雍爲二道云其山鎮曰會稽者九州皆有鎮所以安地德一州之內其山川澤藪至多選取最大者而言故鄭云曰其大者也○注鎮名至爲箭○釋曰云會稽在山陰自此以下所說山川之等一則目驗而知二則依地理志而說又所曉處所皆舉郡縣而言云會稽在山陰山陰郡名按夏本紀太史公或言禹會諸侯於江南計功而崩因葬焉命曰會稽會稽者會計也皇覽曰禹冢在山陰會稽山本苗山縣南七里越傳曰禹到越望苗山會諸侯爵有德封

有功者更名苗山曰會稽山因疾死葬棺冢壙深七尺高三尺土階三寸三周方畝呂氏春秋云禹葬會稽不煩徙墨子曰禹葬會稽衣衾三領桐棺三寸地理志云山上有禹井禹傳云一有羣鳥游田焉是說會稽之事也云大澤曰藪者按澤虞職大澤大藪注水鍾曰澤水希曰藪則澤藪別矣今此云大澤曰藪爲一物解之者但澤藪相因亦爲一物故云大澤曰藪也云具區五湖在吳南者吳南郡名依地里志南江自吳南震澤在西通而言之亦得在吳南具區即震澤一也云浸可以爲陂灌溉者謂灌溉稻田者也云箭篠也箭一名篠故禹貢云篠簜是一物二名也云鳥獸孔雀鸞鵁鶄者解鳥也云犀象者解獸也驗時見有此鳥獸故據言焉按禹貢云九江今在廬江尋陽南皆東合爲大江揚州所以得有三江者江至尋陽南合爲一東行至揚州入彭蠡復分爲三道而入海故得有三江也

正南曰荊州其山鎭曰衡山其澤藪曰雲瞢其川江漢其浸潁湛其利丹銀齒革其民一男二女其畜宜鳥獸其穀宜稻衡山在湘南雲瞢在華容潁出陽城宜屬豫州在此非也湛未聞齒

象齒也革犀兕革也杜子春云湛讀當爲人名湛之湛湛或爲淮○曹亡貢反劉亡鳳反李一音亡雄反湛直減反劉又音沈李唐感反

疏　正南至宜稻○釋曰其川江漢者揚州云三江不言漢此荆州直言江不言三兼云漢者此州江未分爲三故直云江此州有漢水過焉故江漢並言也上文揚州云其利金錫竹箭不云册銀齒革按禹貢荆揚二州俱云貢金三品則二州通有金錫也其民一男二女多於揚州其畜穀與揚州同○注衡山至爲淮○釋曰云雲曹在華容者按禹貢荆州雲土夢作乂得爲澤者按彼注云其中有平土丘水去可爲作畎畝之治則此據有水之處亦得爲澤也云潁出陽城宜屬豫州在此非也者鄭據地理志故知合在豫州又昭元年王使劉定公勞趙孟于潁亦在豫州故破之云湛未聞者據地理志無文未知何處也云齒象齒也者對則齒牙別通而言之牙亦得爲齒故詩頌云元龜象齒是牙齒通也云革犀兕革也者以其利則可貢所貢之革惟用爲甲故函人有犀兕春秋云犀兕尚多子春云湛讀當爲人名湛之湛俗讀也湛或爲淮不從也

河南曰豫州其山鎮曰華山其澤藪曰圃田其川滎雒其浸波溠其利林

漆絲枲，其民二男三女，其畜宜六擾，其穀宜五種。華山在華陰。圃田在中牟。熒，兗水也，出東垣，入于河，泆爲熒，熒在滎陽。波讀爲播。禹貢曰："熒播既都。"春秋傳曰："楚子除道梁溠，營軍臨隨。"則溠宜屬荊州，在此非也。林，竹木也。六擾，馬、牛、羊、豕、犬、雞。五種，黍、稷、菽、麥、稻。○華，如字，劉胡化反。圃，布古反。熒，戶扃反。溠，音詐，左傳音同，李莊加反，字林同，劉昨雖反，云與音大不同，故今從高貴公。枲，思似反。擾，而小反，徐、劉音饒。中牟，上如字，下莫侯反，李中音仲，牟又無不反。泆，音逸。播，音波，下同。都，張魚反，本或作豬。

（疏）注"華山"至"麥稻"。○釋曰：云"熒，兗水也"者，按禹貢濟出王屋，始出兗東，流爲濟，南渡河，泆爲熒。春秋"戰於熒澤"是也。云"出東垣"者，地理志文也。云"波讀爲播"者，按禹貢有播水，無波，故引禹貢爲證也。"春秋"者，左氏莊四年傳文。云"林，竹木也"者，地官山林別官，故鄭注云"竹木生平地曰林"，今許州見平地多林木，故云"林，竹木也"。云"六擾，馬、牛、羊、豕、犬、雞"者，此與爾雅六畜及周禮六牲一也。必知"五種"是"黍、稷、菽、麥、稻"者，此州東與青州相接，青州有稻麥；西與雍州接，雍州有黍稷，故知有此四種。但此九州不言麻與菽及荒，鄭必知取菽者，蓋以當時目驗而知，故添爲五種也。

正東曰青州，

其山鎮曰沂山其澤藪曰望諸其川淮泗其浸沂沭其利蒲魚其民二男二女其畜宜雞狗其穀宜稻麥沂山沂水所出也在蓋望諸明都也在睢陽沭出東莞二男二女數等似誤也蓋當與兗州同二男三女鄭司農云淮或爲睢沭或爲洙○沂魚祈反泗音四沭音述李一音餘戍反明都禹貢作孟豬今依書讀睢音綏莞音管劉音灌洙音殊

【疏】注沂山至爲洙○釋曰鄭知沂山沂水所出者沂水出沂山水乃取名於山故知沂水出焉云在蓋者蓋亦縣名按禹貢云海岱及淮惟徐州又云淮沂其乂注云淮沂二水名地里志沂水出今大山蓋縣不在青州者周公以禹貢徐州地爲青故也云望諸明都也者按禹貢云道柯澤被明都彼禹貢無望諸故從明都按春秋宋藪澤有孟諸明都即宋之孟諸者也經有淮泗不言者以上來有江及此淮并下文河鄭皆不言所在者以四瀆之名人皆知之故略而不言也按禹貢淮出桐柏泗水在魯國出濟陰乘氏東又至零陵入淮行千二百一十里沭出東莞屬瑯琊南至下邳入泗云二男二女數等似誤也者若本有此數等當言一男一女明不作二男二女青

州西北與兗州相接宜與兗州同二男三女也河東曰兗州其山鎮曰岱山其澤藪曰大野其川河泲其浸盧維其利蒲魚其民二男三女其畜宜六擾其穀宜四種岱山在博大野在鉅野盧維當爲雷雍字之誤也禹貢曰雷夏旣澤雍沮會同雷夏在城陽四種黍稷稻麥○釋野如字劉音與泲子禮反盧維上音雷下於恭反鉅音巨沮七餘反【疏】注岱山至稻麥○釋曰博與鉅野皆郡縣之名破盧維爲雷雍地理志禹貢無盧維叉字類雷雍故破從之引禹貢爲證也知四種黍稷稻麥者以其東與青州相接青州有稻麥西與冀州相接冀州有黍稷故知也正西曰雍州其山鎮曰嶽山其澤藪曰弦蒲其川涇汭其浸渭洛其利玉石其民三男二女其畜宜牛馬其穀宜黍稷嶽吳嶽也及弦蒲在汧涇出涇陽汭在豳地詩大雅公劉曰汭埦之即洛出懷德鄭司農云弦或爲汧蒲

或爲浦○雍於用反下注州名同汭如銳反李又而類反汧徐口千反劉苦見反反李一音空定反豳彼貧反垙弓六反詩作鞫

【疏】注嶽吳至爲浦○釋曰雍州云其利玉石藍田見有玉山出玉不以爲利者也其穀宜黍稷見雍州宜麥不言者但黍稷麥並宜以黍稷爲主云嶽吳嶽也及弦蒲在汧者按地理志吳山在汧西有弦蒲之藪汧水出焉西北入渭渭出鳥鼠山也云汭在豳地詩大雅公劉曰汭垙之即若然汭爲水名按彼毛傳云芮水厓也箋云芮之言內也水之內曰隩水之外曰鞫就澗水之內外而居與此義違者按詩上云夾其皇澗遡其過澗故以芮鞫爲外內今爲水名者蓋周公制禮之時以汭爲水名汭即皇澗名曰汭耳猶禹貢大岳至周爲霍山也云洛出懷德者此洛即詩云瞻彼洛矣一也與禹貢導洛自熊耳者別也以其彼洛出上洛經王城至虎牢入河

東北曰幽州其山鎮曰醫無閭其澤藪曰貕養其川河泲其浸菑時其利魚鹽其民一男三女其畜宜四擾其穀宜三種醫無閭在遼東貕養在長廣菑出萊蕪時出般陽四擾馬牛羊豕三種黍稷稻

社子春讀貕爲奚○〔疏〕注醫無至爲奚○釋曰云醫無閭
貕音兮般步干反　在遼東者目驗知之漢光武十三
年以遼東屬青州二十四年還屬幽州云貕養在長廣者長
廣縣名地理志長廣屬徐州瑯琊有萊山周時幽州南侵徐
州之地也知三種黍稷稻者西與冀州相接冀
州皆黍稷幽州見宜稻故知三種黍稷稻也

河內曰冀州其山鎮曰霍山其澤藪曰楊紆其川漳其浸汾潞其利松柏其民五男三女其畜宜牛羊其穀宜黍稷

霍山在彘陽紆所在未聞章出長子汾出汾陽潞出歸德○紆於于反汾扶文反潞音路長子丁丈反長子縣名屬上黨

〔疏〕注霍山至歸德○釋曰其利松柏霍山見有松柏出焉云霍山在彘者彘則厲王流于彘後爲縣名漢改爲永安縣按禹貢旣脩大原至于岳陽覃懷厎績至于衡漳注云岳陽大原之南漳水橫流入河地理志大原今爲郡名大岳在河東縣彘東名霍大山覃懷爲縣名屬河內漳水出上黨沾大黽谷東北至安平阜城入河行千六百八十里始是長子即上黨也汾陽歸德皆郡名

正北曰并州其

山鎮曰恒山，其澤藪曰昭餘祁，其川虖池、嘔夷，其浸淶、易，其利布帛，其民二男三女，其畜宜五擾，其穀宜五種。恒山在上曲陽。昭餘祁在鄔。虖池出鹵城。嘔夷，祁夷與？出平舒。淶出廣昌。易出故安。五擾，馬、牛、羊、犬、豕。五種，黍、稷、菽、麥、稻也。凡九州及山鎮澤藪言曰者，以其非一，曰其大者耳。此州界揚、荊、豫、兗、雍、冀，與禹貢略同。青州則徐州地也，幽并則青冀之北也，無徐梁。○虖，喚胡反，李呼哥反，又香刑反。池，徒多反。李如字。嘔，烏侯反，一音驅。鄔，徐於據反，縣名，屬太原，劉烏古反。鹵音魯。

［疏］注恒山至徐梁○釋曰：上曲陽、鄔、鹵城、平舒、廣昌、故安，皆按地理志知之。云「五擾，馬、牛、羊、犬、豕」者，六擾中雞爲緩，故去之。云「五種，黍、稷、菽、麥、稻也」者，若饋用六穀則兼有苽，若民之要用則去苽，故知是此五者。周公設經，六擾之內三擾已上則言擾，二擾則指獸名；若三四不滿六者，從下次去之。六穀之內三種已上即言種，二者則指穀名。云「凡九州及山鎮澤藪言曰者，以其非一，曰其大者耳」者，但一州之內山川多少各有，其一而言曰，故云曰其大者。云「此州界揚、荊、豫、兗、雍、冀與禹貢略同」者，不失本處，雖得舊處猶

有相侵入不得正故云略同若周之兖州於禹貢侵靑徐之地周之靑州於禹貢侵豫州之地周之雍豫於禹貢兼梁州之地周之冀州於禹貢小於禹貢時冀州以其北有幽州并州故知也周之九州無徐梁禹貢有徐梁無幽并爾雅云兩河間曰冀州河南曰豫州濟東曰徐州河西曰雍州漢南曰荆州江南曰揚州燕曰幽州濟河間曰兖州齊曰營州詩譜曰雍梁荆豫徐揚之民咸被其化數不同者禹貢所云堯舜法爾雅所云似夏法詩譜所云似殷法亦與禹貢三代不同是以州名有異自古已來皆有九州惟舜時暫置十二州至夏還爲九州故春秋云夏之方有德也貢金九牧是也但自神農已上有大九州桂州迎州神州之等至黃帝以來德不及遠惟於神州之内分爲九州故括地象云崑崙東南萬五千里名曰神州是也九州之内所有山川或有解出其處者至江河淮泗漢洛等不釋所出者此等皆禹貢有成文如彼導洛自熊耳導渭自鳥鼠導河自積石導江自岷山導淮自桐柏導漾自嶓冢爲此故不言也至於禹貢雖言義理不明者此亦釋之若禹貢涇屬渭汭彼直言涇水入渭不言釋之所從如此之類皆須釋其所出也

之邦國

方千里曰王畿其外方五百里曰侯

乃辨九服

服又其外方五百里曰甸服又其外方五百里曰男服又其外方五百里曰采服又其外方五百里曰衛服又其外方五百里曰蠻服又其外方五百里曰夷服又其外方五百里曰鎮服又其外方五百里曰藩服服服事天子也詩云侯服于周

疏注乃辨至藩服○釋曰此言九服仍除王畿爲數故從其外已下爲九也此九服之名言侯者侯之言候爲王斥候言甸者甸之言田爲王治田出稅言男者男之言任也爲王任其職理采者事也爲王事民以供上言衛者爲王衛禦言蠻者近夷狄蠻之言縻以政教縻來之自此已下皆夷狄諸言夷者以其在夷狄中故以夷言之言鎮者以其入夷狄深故須鎮守之言藩者以其最在外爲藩蘺故以藩爲稱蠻服大司馬謂之要服言要亦是要束爲義自侯服已下各舉一邊爲號皆互而通也其夷狄三服亦自互而相通是以大行人摠謂之藩國世一見也○注服服至于周○釋

曰此摠解服之意引詩云侯服于周者見諸侯皆服事于周之義故稱服也　凡邦國千里封公以方五百里則四公方四百里則六侯方三百里則七伯方二百里則二十五子方百男則百男以周知天下　以此率徧知四海九州邦國多少之數也方千里者爲方百里者百以方三百里之積以九約之得十一有奇云七伯者字之誤也周九州之界方七千里七七四十九方千里者四十九其一爲畿內餘四十八八州各有方千里者六周公變殷湯之制雖小國地皆方百里是每事言則者設法也設法者以待有功而大其封一州之中以其千里封公則可四又以其千里封侯則可六又以其千里封伯則可十一又以其千里封子則可二十五又以其千里封男則可百公侯伯子男亦不是過也州二百一十國以男備其數焉其餘以爲附庸四海之封黜陟之功亦如之雖有大國爵稱子而已鄭司農云此經亦見大司徒職曰諸公之地方五百里諸侯之地方四百里諸伯之地方三百里諸子之地方二百里諸男之地方百里　○率音律又音類徧音遍奇紀宜反見賢遍反

疏 凡邦至天下。○釋曰言凡邦國者畿外要服已內有八
州州別置二百一十國揔有千六百八十國故云凡也
云千里封公以方五百里則四公者八州州別有千里之方
六取一千里以封公又取一千里以封侯又取一千里以封
伯又取一千里以封子又取一千里以封男一州揔取千里
之方充五等諸侯其不滿二百一十國者更取餘一千里方
作男國者[illegible]之使滿餘剩地作附庸間田八州皆然揔結之
以周知天下。○注以此至百里。○釋曰云以此率者八州皆
爲此法故云以此率也云偏知四海九州邦國多少之數也
者釋經周知天下也云方千里者爲方百里者百以方三百
里之積以九約之得十一有奇者云方千里開方之百里一
截縱横皆爲十截之十十而百則得爲方百里者百云以方三
百里之積以九約之者方三百里三三而九用爲方百里者
九十九爲十一伯餘有方百里者一不盡故云十一有奇也
令經云方三百里則七伯故言云七伯者字之誤也以十一
似七字故云字之誤也云周九州界方七千里者以先王
之作土有三焉若太平之時土廣萬里中國七千中平之世
土廣七千中國五千衰末之世土廣五千中國三千王制云
公侯方百里伯七十里子男五十里此是夏制五等爵三等
受地般湯承之合伯子男爲一惟有公侯伯三等爵三等受

地與夏同武王伐紂增以子男爵地與夏同以九州之界尚狹故也至武王崩成王幼不能踐阼周公攝政六年致太平制禮成武王之意斥大九州九州方七千里五等之爵五等受地則此經所云者是也故云周九州之界方七千里云七七四十九方千里者四十九其一爲畿內其餘四十八八州各有方千里者六周公變殷湯之制雖小國地皆方百里者若然殷三等爵三等受地地有百里七十里五十里至周公無問有功無功皆益滿百里以有不滿百里不成國故也旣皆滿百里其餘待有功乃益之地公有功益滿五百里侯有功益滿四百里伯有功益滿三百里子有功益滿二百里男有功只得百里更有功乃更進之與子爵云是每事言則者設法也設法者以待有功而大其封者必知不即封而言設法以待有功者以其稱公者惟有二王後及東西大伯今八州皆言方千里封公則四公八州豈有三十二公乎明知五者皆是設法以待有功乃大其封也若無功縱本是公爵惟守百里地謂若虞公虢公舊是殷之公至周仍守百里國以無功故也故注王制云是以周世有爵尊而國小爵卑而國大云一州之中以其千里封公則可四又以其千里封侯則可六又以其千里封伯則可十一又以其千里封子則可二十五又以其千里封男則可百鄭云此者欲計一州須滿二

百一十國之意云公侯伯子男亦不是過也者五百里已下若過五百里則是特賜法若魯衛之等是也云州二百一十國者此據王制文彼下又云天下縣內九十三國凡九州千七百七十三國是通畿內外爲數並是殷周國數也旣以州有千里之方六已用五个千里方爲前五等國數以前公國已得四侯六伯十一子二十五男百揔得一百四十六於二百一十國仍少六十四鄭云以男備其數必知以男備其數者若不以男備數則餘千里者一充數不足何得更餘爲附庸若然則更取餘方一千里開方之得百里之方百於前侯國六用千里方仍有二百里方一開方之得四个男國於前伯國十一用千里方一又得一个男國得此五國添前一百四十六爲一用百五十一仍少五十九更取餘千里方一開方之得百里之方百取五十九爲五十九國前添百五十一得二百一十國餘仍殘百里之方四十一鄭云其餘以爲附庸者以附庸不滿百里故也王制兼閑田而言此直云爲附庸文略不具其實人作附庸即受之無附庸則爲閑田使大夫治之以利民稅若周之畿內四等公邑者也云四海之封黜陟之功亦如之者鄭以上經九服揔言此經惟言要服已內九州不言四海夷狄諸侯故鄭兼見四海夷鎮蕃言黜陟之功亦如之者亦皆有百里二百里地有功者進地得與侯伯

三百四百同但不進爵耳無功有過則退之云雖有大國爵稱子而已者曲禮云其在東夷北狄西戎南蠻雖大曰子鄭注云雖有侯伯之地爵亦無過子是以同名曰子是也

凡邦國小大相維大國比小國小國事大國各有屬相維聯也〇〔疏〕注大國至聯也〇釋曰比毗志反下文比小國并注同春秋之世小國朝大國大國聘小國又有敵國自相聘是以司儀公侯伯子男相爲賓又相爲國客故易比象云先王以建萬國親諸侯又王制云五國以爲屬屬有長十國以爲連連有帥三十國以爲卒卒有正二百一十國以爲州州有伯彼雖是殷之諸侯亦是各有屬相維聯之事也故鄭據而言也

王設其牧選諸侯之賢者爲牧使牧理之〔疏〕選注諸至理之〇釋曰此即大宰云建其牧是也按大宗伯注并曲禮注皆兼伯而言此直言諸侯者以侯爲主無賢侯乃兼伯可也

制其職各以其所能牧監參伍之屬用能所任秩次〔疏〕注牧監至秩次〇釋曰此即大宰云設官分職彼下文又云施典於邦國而建其牧立其監設其參傅其伍陳其殷置其輔也云用能所任秩次者稱其所任則以次祿秩之

制其貢各以其所有國之地物所有〔疏〕

注國之地物所有○釋曰諸侯國無貢於王法民間得稅大國半次國三之一小國四之一皆市取當國所有以貢於王即大宰九貢小行人云春入貢及禹貢厥篚厥貢之類是也故鄭云國之地物所有也

王將巡守則戒于四方曰各脩平乃守攷乃職事無敢不敬戒國有大刑乃猶女也守謂國竟之內職事所當共具○女音汝竟音境共音恭又九用反〔疏〕注乃猶至共具○釋曰職方氏既主四方諸侯故至十二年王將巡守之時先以文書戒勑于四方曰各脩汝當國所守境內待王之務無得失所又當考校汝所擬供王職事若不敬戒國有大刑大刑謂殺之也

及王之所行先道帥其屬而巡戒令先道先由王所從道君前王行其前日〔疏〕注先道至之令○釋曰此謂王將發行之時所戒之令即在王前巡行前日所施戒令豫備之等如前所施以不

王殷國亦如之殷猶衆也十二歲王若不巡守則六服盡朝謂之殷國其戒四方諸侯與巡守同○朝直遥反〔疏〕注殷猶至守同○釋曰王有故不巡守於方岳之下則春東方盡來夏南方盡

來秋西方盡來冬北方盡來王待之亦各於其時在國外爲壇行朝覲盟載之法若然則王自在國外爲之而云亦如之者亦如上文戒令四方諸侯者王殷國所在無常或在畿内國城外即爲之或向畿外諸侯之國行之故有戒令之事也

土方氏掌土圭之灋以致日景致日景者夏至景尺有五寸冬至景丈三尺其間則日有長短〔疏〕注致日至長短。釋曰按玉人職土圭尺有五寸以致日先鄭注大司徒以爲於潁川陽城夏日至晝漏半立八尺之表表北得尺五寸景適與土圭等則爲地中以建王國也冬至景丈三尺者亦於潁川陽城晝漏半立八尺表表北得丈三尺景亦爲地中云其間則日有長短者謂冬至日極短夏至日極長其極長極短之間冬至後日漸長夏至後日漸短假令冬至日南至之後日漸北之時一日行大分六小分四大分者一寸爲十分小分者十分寸之一分又爲十分但日景一寸則於地千里大分一爲百里小分一則爲十里則冬至後日向南行六百四十里但冬至丈三尺景除本尺五寸外加丈一尺五寸從冬至至春分晝夜等之時則減五尺七寸半景從春分到夏至又減五尺七寸半景則減晝丈一尺五寸惟有尺五寸在以爲夏至之景南戴日下萬五千里謂之地中故云其間則日有長短也以土地相宅而建邦國都鄙土地猶度地知東西南北之深而相其可居者宅居也。○相息亮反〔疏〕以土至都鄙。○釋曰上經據注同度待洛反。深尺鴆反〔疏〕建王國度地法此經據封畿外及畿内都鄙。○注土地至居也。○釋曰景一寸差千里一分則百里但封邦國都鄙無過五百里已下則取分無取於寸一分則百里爲男國亦爲大都已上差之二分則二百里子國已外可知若小都五十里則爲小分五分若大夫二十五里則爲小分二分半言東西南北之深者景侵入爲深地之遠近里數侵入亦爲深也言相宅者既欲度景先相所居乃後度之以辨土宜土化之灋而授任地者土宜謂九穀値稺所宜也土化地之輕重糞種所宜用也任地者載師之屬。○値張力反稺直吏反種章勇反〔疏〕以辨至地者。○釋曰既爲土方氏非直度地相宅亦當相地所宜故須辨土宜并土化之灋而授任地者此謂以書作法授之。○注土宜至之屬。○釋曰九穀之文出於九職言土宜明是土地所宜故以此推之云土化地之輕重糞種所宜用也者謂若草人職掌糞種之法也有九種輕重不同其所用糞種若用麋用牛之等是也云任地者載師之屬者載師掌任地事下文廛里巳

下皆是任地之事也王巡守則樹王舍為之藩羅〔疏〕注為之藩羅。釋曰謂若掌舍設梐枑之時則此官亦為王於外周帀樹藩羅

懷方氏掌來遠方之民致方貢致遠物而送逆之達之以節遠方之民四夷之民也諭德延譽以來之遠物九州之外無貢法而至者達民以旌節達貢物以璽節〔疏〕懷方至以節。釋曰既職名懷方懷來也故來遠方之民及致方貢之等。注遠方至璽節。釋曰知諭德延譽以來之者經直言來遠方不言別有餘事故惟曉諭以王之德美又延引以王之美譽以招來之云遠物九州之外無貢法而至者此經上云致方貢謂六服諸侯又云致遠物宜是藩國是以大行人上云侯服世一見其貢祀物之等下文云藩國世一見各以貴寶為贄文與此相當故知義然也知達民以旌節達貢物以璽節者達民則行道路貢物即是貨賄故掌節云道路用旌節貨賄以璽節是也治其委積館舍飲食。續食其往來續食音嗣〔疏〕注續食至往來。釋曰按遺人云十里有廬廬有飲食三十里有宿

宿有委五十里有市市有積司儀云遂行如入之積是續食其往來也

合方氏掌達天下之道路津梁相奏不得陷絕。奏采豆反本或作湊

〔疏〕合方至道路。釋曰官名合方氏當使天下和合故通達天下道路

通其財利茂遷其有無

〔疏〕注茂遷其有無。釋曰按尚書益稷云懋遷有無化居禹治水後懋勉天下徙有之無易其居積若林木徙川澤魚鹽徙山林是通其財利

同其數器權衡不得有輕重

〔疏〕注權衡至輕重。釋曰施教設治之方先須均其度量權衡是以天子巡守及王者新升皆爲此事故堯曰及舜典明堂位皆陳數器之等鄭知此數器是權衡者下別見度量故知義然

壹其度量尺丈釜鍾不得有大小

〔疏〕壹其度量。釋曰此云壹郎上同也鄭云不得有大小者按律歷志以子穀秬黍中者九十黍黃鍾之長千二百黍其實一籥合籥爲合十合爲升十升爲斗十斗爲斛百黍爲銖二十四銖爲兩十六兩爲斤三十斤爲鈞四鈞爲石一黍爲一分十分爲寸十寸爲尺十尺爲丈十丈爲引是五度五量皆有大小也

除其怨惡怨惡邦國相侵虐

〔疏〕注怨惡至侵虐。釋曰合方氏欲使人和合故除其邦國相怨惡即相侵伐及相虐殺之等也**同其好善**所好所善謂風俗所高尚。好呼報反注及下同高如字劉古到反〔疏〕注所好至高尚。釋曰按孝經樂以移風易俗既風俗既風俗別言則風俗異矣風謂政教所施故曰上以風化下又云風以動之是也俗謂民所承襲故曰君子行禮不求變俗是也風所高解好俗所尚解善也

訓方氏掌道四方之政事與其上下之志道猶言也爲王說之四方諸侯也上下君臣也。爲于僞反下同〔疏〕訓方至之志。釋曰訓方氏訓四方美惡而向王言之以其政事及君臣上下皆有善惡**誦四方之傳道**傳道世世所傳說往古之事也爲王誦之若今論聖德堯舜之道矣故書傳爲傳杜子春云傳當作傳書亦或爲傳。傳直專反注同〔疏〕誦四方之傳道。釋曰上所云政事及上下之志知則向王道未必誦之此文古昔之善道恆誦之在口王問則爲王誦之以其善道可傳故須誦之**正歲則布而訓四方**布告以教天下使知世所善惡〔疏〕注布告至

善惡○釋曰正歲謂夏之建寅正月則布告前所道所誦之事教天下使知世所善惡也**而觀新物**四時於新物出則觀之以知民志所好惡志淫行辟則當以政教化正之○惡烏路反行辟下孟反下匹亦反【疏】注四時至正之○釋曰此訓方觀新物知民善惡之情謂若王制云命市納賈以知民之所好惡志淫好僻則當以政教化正之與此爲類故鄭引以釋經也

形方氏掌制邦國之地域而正其封疆無有華離之地杜子春云離當爲雜書亦或爲雜玄謂華讀爲㕹哨之㕹正之使不㕹邪離絕○華依注音㕹苦蛙反哨劉羊售反沈且笑反邪似嗟反【疏】形方至之地○釋曰形方氏主知四方土地形勢故使掌作邦國之地域大小形勢又當正其封疆勿使相侵○注杜子至正之○釋曰王者地有㕹邪離絕遞相侵入不正故今正之㕹者兩頭寬中狹邪者謂一頭寬一頭狹云㕹哨之㕹者投壺禮主人云枉矢哨壺哨是不正之義故讀從之**使小國事大國大國比小國**比猶親也易比象曰先王以建萬國親諸侯【疏】

使小至小國○釋曰此亦如上職方氏云大小相維義同注言親諸侯使諸侯相親遞相朝聘是也

山師掌山林之名辨其物與其利害而頒之于邦國使致其珍異之物山林之名與物若岱畎絲枲嶧陽孤桐矣利其中人用者害毒物及螫噬之蟲獸○畎古犬反劉孤茗反又孤善反嶧音亦螫音釋劉呼洛反噬音逝

疏山師至之物○釋曰此山師及下川師原師等皆是遥掌畿外邦國之內山川原隰之等使出稅珍異以供王家也○注山林至蟲獸○釋曰按禹貢青州云岱畎絲枲畎谷也岱山之谷有之徐州云嶧陽孤桐孤特也嶧山之陽特生之桐中爲琴瑟云害毒物及螫噬之蟲者謂蚖蛇蝮蝎之屬也岱畎嶧陽是其名絲枲孤桐是其物也

川師掌川澤之名辨其物與其利害而頒之于邦國使致其珍異之物川澤之民與物若泗濱浮磬淮夷蠙珠暨魚澤之萑蒲○蠙薄田反劉扶忍反沈音嬪暨沈其器反又其氣反萑音丸

疏注川澤至萑蒲○釋曰徐州云泗濱

浮磬淮夷蠙珠暨魚注云泗水涯水中見石可以爲磬蠙珠珠名淮夷二水出蠙珠爲與美魚

邍師掌四方之地名辨其丘陵墳衍邍隰之名地名謂東原大陸之屬。墳扶云反疏邍師至之名。釋曰爾雅釋地高平曰原此雖以原爲主除山林川澤四者餘丘陵墳衍原隰六者皆主之故云辨其丘陵已下也按鄭注大司徒云土之高者曰丘大阜曰陵水涯曰墳下平曰衍高平曰原平濕曰隰皆有名。注地名至之屬。釋曰尚書禹貢有東原底平大陸既作是地名也

物之可以封邑者物之謂相其土地可以居民立邑。相息亮反疏注物之至立邑。釋曰按小司徒云四井爲邑據田中千室之邑據城二者皆須其物色善惡然後封民

匡人掌達灋則匡邦國而觀其慝使無敢反側以聽王命法則八法八則也邦國之官府都鄙亦用焉慝姦僞之惡也反側猶背違法度也書曰無反無側王道正直。慝他得反猶背音佩疏匡人至王命。釋曰匡正也所以正八故掌通達法則於天下

邦國而觀其慝使無慝惡使無敢反側也○注法則至正直

釋曰云法則八法八則者按大宰云八法治官府八則治都鄙謂王朝官府及畿内都鄙令云以法則匡正邦國而觀其慝即據諸侯下都鄙外内雖殊八法八則治官府都鄙即同故治官府都鄙亦用焉云背違法度者則是違法則也書者洪範皇極之章

撢人掌誦王志道國之政事以巡天下之邦國而語之道猶言也以王之志與政事諭說諸侯使不迷惑○語魚據反說如字劉尸銳反〔疏〕撢人至語之○釋曰誦王志者在心爲志欲得使天下順從若撢取王之此志又道國之政事用此二事以巡國而語之使不迷惑而向王

使萬民和說而正王面面猶鄉也使民之心曉而正鄉王○說音悅鄉許亮反下同〔疏〕使萬至王面○釋曰以上二事向諸侯說之使諸侯化民而萬民正向于王

都司馬掌都之士庶子及其衆庶車馬兵甲之戒令庶子卿大夫士之子車馬兵甲備軍發卒〔疏〕都司至戒令○釋曰此注都司馬故序官注都

王子弟所封及三公采地也司馬主其軍賦故此云掌都之士庶子者宮伯注云士適子庶子其支庶此都之士庶子亦然云及其衆庶車馬兵甲之戒令者若王家有軍事徵兵于采地都鄙則都司馬以書致於士庶子有此衆庶車馬兵甲之戒令士庶子受而依行之

以國灋掌其政學

政謂賦稅也學脩德學道○政音征本亦作政音下同

〔疏〕注政謂至學道○釋曰云政謂賦稅者正謂軍之賦稅無田稅泉稅之等知學是脩德學道此亦依國子而言知亦是修德學道也

故以聽國司馬

聽者受行其所徵爲也國司馬大司馬之屬

〔疏〕注聽者至皆是○釋曰都司馬所掌者受大司馬之法而戒令令使都之士庶子所有徵爲皆取國之大司馬之法云大司馬之屬皆是者經國司馬不云大則小司馬軍司馬與司馬皆得稟其戒令

家司馬亦如之

大夫家臣爲司馬者春秋傳曰叔孫氏之司馬鬷戾○鬷子公反戾力計反

〔疏〕注大夫至鬷戾○釋曰按序官云家司馬各使其臣以正於公司馬鄭云家卿大夫采地正猶聽也公司馬國司馬也卿大夫之采地王不特置司馬各自使其家臣爲司馬主其地之軍賦注聽政於王之司馬其以王命來有事則曰國司馬

若然是卿之小都大夫采地皆家自置司馬之明文引春秋者左氏昭二十五年叔孫氏之司馬鬷戾言其衆曰若之何莫對又曰我家臣也不敢知國彼是諸侯卿家自置司馬此王之卿大夫之家亦自置引諸侯家法者自置是同故得引以況義也

附釋音周禮注疏卷第三十三

吉安盧氏宣旬校

大清嘉慶二十年重刊宋本
用文選樓藏本校

知南昌府張敦仁署鄱陽縣候補知州周澍栞

周禮注疏卷三十三挍勘記

阮元撰盧宣旬摘錄

附釋音周禮注疏卷第三十三

校人　唐石經釋文諸本同毛本攺從手○按从手者大誤

經辨六馬　宋本辨作辯

以此五者種馬最在上　閩本同監毛本五者攺而言非疏除駑馬計之故五者

皁一趣馬　唐石經諸本同葉鈔釋文作趨馬余本載音義同

三皁爲繫　唐石經諸本同釋文作爲毄云音計本又作繫○按古文假借字司門職亦云牛牲毄焉周易毄辭古不作繫

六繫爲廄　閩監毛本同釋文亦作廄此本舊訛廏今訂正唐石經嘉靖本作廄余本誤廐注疏及下圉師同

其數三百一十六匹　閩監本同誤也余本嘉靖本毛本作二百當據正監毛本疏中不誤

又誥駑馬三良馬之數三个四百三十二閩監毛本个改箇浦鏜云誥當益字誤

不審所由當能共此馬數盧文弨云詩定之方中正義作何由能供此馬此作所誤

今又就校人之職相校人之職相校甚異補毛本無相校人之職五字此本誤衍

此爲民出軍賦盧文弨云詩正義爲作謂此誤

謂良馬二種四百三十二匹監毛本二種作一此及閩本皆誤監本三字缺中畫

彼據馬之大者閩本之誤馬監毛本有之又複馬字

知是始養馬者閩本脱是監毛本又脱者

相上作乘馬余本嘉靖本毛本作相士葉鈔釋文同宋本監本作相土此作上蓋土之訛閩本此字實

缺○按士土孰是今不能定

謂若元賓之步 閩本同監毛本賓作寘未詳

四鐵孔阜 浦鏜云鐵誤從金非也毛詩本用假借字孔氏正義從金旁

此謂賓入境展幣時 監本此誤此毛本入誤人此本及閩本缺一頁今據監毛本互按

謂馬駃三成舒之 毛本駃誤騤浦鏜云成舒當色成之誤○按駃者鞅之誤三成舒之不誤

以三成訓三就也

證馬有飾之事也 毛本有誤兩

來朝聘而享王者 余本嘉靖本監本同毛本朝誤明宋本作特○按朝是也

及葬埋之 唐石經諸本同釋文貍之本亦作埋按經當作貍注當作埋此類皆援注所改

山川地神土色黃 毛本地誤也土誤上

故用黃駒也○注四海至之禮 監本脫下六字今據毛本補錄

若待聘則有之 浦鏜云待當特字誤

此軍事言物馬 毛本軍誤通

稍食曰稟 閩監毛本同誤也余本岳本嘉靖本稟作稾當據正漢讀考作稍食祿稾云曰字訛

注師圉府史以下 閩本同監毛本脫以下

巫馬

賈一人 閩本同誤也余本嘉靖本監毛本作二人當據正○按序官賈二人

牧師

不得使人輒牧牛馬也 毛本同閩監本輒誤輙

生薪草也 閩監毛本同余本岳本嘉靖本無也此衍

牧燒焚地　閩監毛本作燒焚牧地此誤倒

廋人

謂賠馬耳　漢讀考云賠當爲栝栝押皆當從木自陸德明時已誤爲賠賠之適以驚之云毋令非理也疏云後鄭增成其義蓋賈本不誤案此因注云括馬耳遂改括從耳旁也今釋文賠馬與括押異文當亦後人誤改○按玉裁非也賠之所以習之令其不驚凡豢禽獸自有此法

制其蹄齧者　閩監本同余本嘉靖本毛本制作騬當據正校人注鄭司農云攻特謂騬之○按古制不盡用騸馬故惟善蹄齧者騬之耳不盡用騸馬者凡馬特居四之一也

騋牡驪牡元駒褭驂　余本閩監本作騋牡驪牝元與釋文牡驪茂后反牝元頻忍反正合是也此本作牡元嘉靖本毛本作牝驪皆誤余本載音義亦誤作牝驪嘉靖本閩本褭作裊葉鈔釋文同

鄭司農云以月令　宋本嘉靖本云作説此誤

其實兼有牝　閩監毛本作牡此誤

故云駷中所有牝則驪色牡則元色　毛本同閩監本牝牡字互改按上文引詩駷牝三千葢賈疏本鄭注作駷牝驪牡元與釋文本不同惠士奇云賈公彥讀爾雅不與郭景純同然亦有理

圉師

射則充椹質　唐石經余本嘉靖本同閩監毛本充作克疏同

故字庌爲訝　漢讀考云字當作書說文庌廡也从广牙聲引周禮夏官庌馬許君從司農易字也

椹質所射者習射處　漢讀考云習射處之上脫茨牆二字

圉人

皆謂釋宮中　浦鏜云澤誤釋

國師使令焉　監本焉字空缺

此遣車則天子九乘　閩本同監毛本此遣車下衍之馬遣車四字

職方氏　困學紀聞云漢樊毅修西嶽廟記作識方氏

閩芊蠻矣　余本芊作芊嘉靖本閩監毛本作芊此本作芊皆誤今訂正釋文作芊引李軌云今周禮本或無此字國語則有

禮之事異　浦鏜云文誤之

爾雅雖有其數耳　監本同誤也閩毛本雖作惟當據正

文甚明故不定　按下云鄭不甚明之則此文爲不之訛

未知何者是故不定　閩本同監毛本改未知何者不定故是非

後人轉寫者誤　閩監毛本轉誤傳

東南曰揚州　唐石經余本嘉靖本毛本同閩監本揚作楊按廣韻二十一震太平御覽七十二皆引作楊州蓋州名字本從木自開成石經定從手旁後俱作揚閩監本作木旁者又由手旁轉改非古本如是矣

具區五湖　此本閩本具誤其今據諸本訂正

箭篠也　閩監本同誤也余本嘉靖本毛本篠作篠當據正釋文亦作篠○按依說文作筱从竹攸聲作篠已是俗字

故書箭爲晉　漢讀考云大射儀綴諸箭注古文箭爲晉與此同

杜子春曰　浦鏜云曰字當依葛本作云

禹傳云一有羣鳥游田焉　浦鏜云相誤禹下誤一

吳南郡名依地里志南江自吳南　盧文弨云自當從漢志作在案上南當衍

○按此十三字當作吳者會稽郡屬縣名依地里志南江在吳南下接震澤在西今本譌特甚

云箭篠也箭一名篠故禹貢云篠簜閩毛本篠字同監本誤篠閩監毛本簜誤蕩

其澤藪曰雲瞢說文艸部藪字下言九州之藪作雲夢

其浸熲湛唐石經余本嘉靖本毛本同閩監本熲誤頴疏同

可爲作畎畝之治閩監毛本畎改甽

其川熒雒余本岳本閩本同是也嘉靖本監毛本熒作滎釋文雒作洛皆非唐石經作其水滎洛則非特熒字雒字誤即川字亦誤矣後改水爲川疏中熒字此本閩本同注中則諸本皆從水○按熒不得作滎雒不得作洛近錢大昕段玉裁之說詳矣注内泆爲熒熒在滎陽滎播既都皆熒字之誤尙書熒作滎乃衛包所改也

出東垣漢讀考云地里志郡國志皆無東字史記魏世家城王垣徐廣云垣縣有王屋山然則東字賸也說文流水出河東垣東謂垣縣之東也今本誤作東垣

滎播既都　釋文羣經音辨滎字皆從水釋文都本或作豬○按余仁仲本所載音義作熒今本釋文誤也羣經音辨未能憭此

其澤藪曰望諸　說文作孟諸

道柯澤　監毛本同誤也閩本柯作荷當據正

行千二百一十里　盧文弨云志作一百

其浸盧維　閩監毛本同誤也唐石經宋本余本嘉靖本盧作慮當據正注及疏同釋文亦作慮維石經考文提要云宋本九經宋纂圖互注本宋附釋音本皆作慮按困學紀聞引職方氏作慮維閻若璩失於按勘謂周禮作盧此從漢地理志誤甚

其澤藪曰弦蒲　漢讀考云說文宋本李燾本汲古閣未改本皆作弦圃

汭埏之郎　余本嘉靖本閩本同監毛本埏誤涏疏中不誤按釋文出汭埏二字

杜子春讀豯爲奚　漢讀考云說文作奚養從杜易字也

河内曰兾州　唐石經余本嘉靖本同廣韻引周禮亦作兾閩監毛本改冀失其舊

其澤藪曰楊紆　唐石經諸本同宋本爾雅疏引作其澤藪曰陽紆按此本及余本閩本注中皆作陽紆

章出長子　閩監毛本同誤也余本嘉靖本章作漳當訂正

其澤藪曰昭餘祁　唐石經諸本同監本祁誤祁注同漢讀考云徐鍇本說文作昭余祁淮南作燕之昭余無祁字

斥大九州　閩監毛本斥改遷葢斥誤爲迁遂改遷

謂若虞公虢公以舊是殷之公　閩本公改若監毛本作謂若虞虢公刪以字按當作謂若虞公虢公以亦公之誤檢困學紀聞引此正作謂若虞公虢公舊是殷之公宜據正

並是殷周國數也　宋本同誤也當從閩監毛本周作州

必知以男備其數者　宋本無其此衍

此即大宰云　宋本即作則下制其職節疏同

傳其伍　閩監毛本同浦鏜云傳誤傳

攷乃職事　唐石經諸本同岳本攷誤攻

君前行　閩監毛本同誤也余本嘉靖本君作居當訂正

如前所施以不　閩監本同毛本不誤下浦鏜云監本下誤不非以猶與也不讀爲否

土方氏

日行大分六寸分四　浦鏜云小誤寸

謂九穀值稺所宜也　閩監本同誤也余本作稙稺釋文嘉靖本作稙稺當據正

故以此推之　閩本同監毛本作解之

懷方氏

侯服世一見　補鏜云歲誤世

合方氏

津梁相奏　閩本同余本嘉靖本奏作湊監毛本誤湊按釋文相奏采豆反或作湊此本與釋文正合古字之僅存者

若林木從川澤　閩本同誤也當從監毛本作材木

旣風俗旣風俗別言　監本剜刊旣風俗三字毛本排勻閩本兩旣風俗皆實缺

形方氏

無有華離之地　唐石經諸本同釋文華依注音佤苦蛙反禮說云華離之地华今作琟俗誤爲華說文华背呂也象脅肋形玉篇㸦於华部加華訓爲華斜也苦媧切华斜者猶佤邪云爾漢讀考云華音同巻廣韻集韻作㻏非○

按今俗語分析謂之花即此經華字也

枉矢哨壺　毛本同閩監本脫哨

川師

川澤之民與物　監本同誤也余本嘉靖本閩毛本民作名

出蠙珠爲與美魚　當據正　閩本同衍監毛本删爲

遷師

平濕曰隰　浦鏜云下誤平

都司馬

叔孫氏之司馬鬷戾　余本鬷作鬷是也葉鈔釋文同

周禮注疏卷三十三挍勘記終

南昌袁泰開挍

附釋音周禮注疏卷第三十四

鄭氏注　賈公彥疏

秋官司寇第五〔疏〕鄭目録云象秋所立之官寇害也秋者遒也如秋義殺害收聚斂藏於萬物也天子立司寇使掌邦刑刑者所以驅耻惡納人於善道也

惟王建國辨方正位體國經野設官分職以為民極〔疏〕惟王至民極○釋曰義已具在天官

乃立秋官司寇使帥其屬而掌邦禁以佐王刑邦國禁所以防姦者也刑正人之法孝經説曰刑者侀也過出罪施○侀音刑〔疏〕注禁所至罪施○釋曰云禁所以防姦者也者案士師五禁以左右刑罰王者恐民以姦入罪故先設禁示之防其姦惡若有不忌為姦然後以刑罪之云刑正人之法者刑期於無刑以殺止殺故云刑正人之法也云孝經説曰者孝經援神契五刑章曰刑者侀也過出罪施者下侀為著也行刑者所以著人

身體過誤者出之實罪者施刑是以尚書云眚災肆赦怙終賊刑引之者證司寇行刑當審慎也○刑官之屬大司寇卿一人小司寇中大夫二人士師下大夫四人鄉士上士八人中士十有六人旅下士三十有二人

士察也主察獄訟之事者鄭司農說以論語曰柳下惠爲士師鄉士主六鄉之獄○鄉音香注同〔疏〕刑官至二人○釋曰自此已下論設官分職之事云刑官之屬者此一句摠爲刑官六十官爲目故云之屬云大司寇卿一人六命小司寇中大夫二人四命士師者秋官之考雖下大夫四人亦四命鄉士其職云掌國中國中兼百里內六鄉以八人分主六鄉故謂之鄉士上士八人三命中士十有六人二命旅下士三十有二人一命下士言旅旅衆也小官理衆事也○注士察至之獄○釋曰訓士爲察者義取察理獄訟是以刑官多稱士先鄭引論語士師欲見士官理獄訟之事案上代以來獄官之名有異是以月令乃命大理瞻傷察瘡鄭注云有虞氏曰士夏曰大理周曰大司寇天子諸侯同故魯有司寇晉魏絳亦云歸死於司寇至於衰世國異政家殊俗官名隨意所

造故僖二十八年晉有士榮爲大士文十年楚子西云臣歸死於司敗論語云陳司敗昭十四年士景伯如楚叔魚攝理是後官號不同者也府六人史十有二人胥十有二人徒百有二十人〔疏〕府六至十人○釋曰在此者府治藏吏史作文書胥爲什長徒給繇役義已在天官疏自大司寇已下至胥徒皆是同官別職故各有職而同府史也○

遂士中士十有二人府六人史十有二人胥十有二人徒百有二十人遂士主六遂之獄者〔疏〕注遂士至獄者○釋曰在此者其職云掌四郊四郊有六遂之獄故也鄉士主六鄉之獄遂士主六遂之獄所以鄉士使上士官尊而人少遂士使中士官卑而人多者六遂去王遠故官卑以六遂在遠郊外兼主公邑地廣人衆故官多

縣士中士三十有二人府八人史十有六人胥十有六人徒百有六十人距王城三百里至四百里曰縣縣士主縣

之獄者○〔疏〕注距王至獄者○釋曰在此者案其職云掌野謂掌三等公邑之獄故鄭於縣士職注云二百里以外至三百里曰野三百里以外至四百里曰縣四百里以外至五百里曰都郊外曰野大總言之故其職云掌野其六遂之中公邑之獄遂士兼掌之矣既三處獄並掌而此注云距王城三百里至四百里曰縣似不主三百里中五百里中獄者縣在四百里中故舉中以言其實外內皆掌之耳

方士中士十有六人府八人史十有六人胥十有六人徒百有六十人方士主四方都家之獄者〔疏〕注方士至獄者釋曰在此者案其職○云掌都家鄭彼注云都王子弟及公卿之采地家大夫之采○士此三等采地之獄采地在王城四方故云方士也是以鄭此注云方士主四方都家之獄者也

訝士中士八人府四人史八人胥八人徒八十人訝迎也士官之迎四方賓客○訝五嫁反〔疏〕注訝迎至賓客○釋曰在此者案其職云掌四方之

獄訟非直迎賓客以獄訟爲主故亦士言之也

朝士中士六人府三人史六人胥六人徒六十人 朝士主外朝之法 朝直遥反卷内同 ○〔疏〕注朝士至之法○釋曰在此者案其職云掌建邦外朝之法左九棘右九棘之事以朝士爲詢衆庶讞疑獄故屬秋官但序官之法秋官雖爲刑獄所施至於防禁之屬皆在秋官又於賓客是主人所敬故鄉飲酒坐賓於西北象天地嚴凝之氣始於西南盛於西北是以賓客之事亦屬焉云朝士主外朝之法者天子諸侯皆三朝内朝二路門外與路寢庭是也外朝一此朝在臯門内庫門外是也

司民中士六人府三人史六人胥三人徒三十人 司民主民數○〔疏〕注司民主民數○釋曰在此者案其職云掌登萬民之數凡斷獄弊訟必須知民年幾老幼是以司民雖非刑獄連類在此也

司刑中士二人府一人史二人胥二人徒二

十八〔疏〕司刑○釋曰在此者案其職云掌五刑之法以麗萬民之罪故其職在此

司刺下士二人府一人史二人徒四人刺殺也三訊罪定則殺之○刺七賜反訊言信〔疏〕注刺殺至殺之○釋曰在此者案其職云掌三刺三宥三赦之法亦是刑獄之類故在此

司約下士二人府一人史二人徒四人約言語之約束○約於妙反一音如字注同束劉詩樹反一音如字○〔疏〕司約至四人○釋曰在此者案其職云掌邦國及萬民之約劑亦是禁戒之事故在此

司盟下士二人府一人史二人徒四人盟以約辭告神殺牲歃血明著其信也曲禮曰涖牲曰盟○約於妙反歃所洽反〔疏〕注盟以至曰盟○釋曰在此者案其職云掌盟載之法亦是禁戒之事故在此

職金上士二人下士四人府二人史四人胥八人徒八十人職主也〔疏〕職金○釋曰在此者案其職云掌凡金玉之戒令又云掌受金罰貨罰亦是刑獄之事故在此

司厲下士二人史一人徒十有二人犯政爲惡曰厲厲士主盜賊之兵器及其奴者〔疏〕注犯政至奴者○釋曰在此者案其職云掌盜賊之任器又云其奴男子入于罪隸亦是刑獄之事故在此也云犯政爲惡曰厲者厲是惡鬼殺厲之事故以造惡爲厲也云厲士主盜賊之兵器者其職文也

犬人下士二人府一人史二人賈四人徒十六人。○賈音嫁又音古○〔疏〕犬人○釋曰在此者案其職云凡祭祀共犬牲犬是金畜故五行傳云二曰言言之不從則有犬禍故連類在此犬有兩義案說卦艮爲狗艮卦在丑艮爲止以能吠守止人則屬艮以能言則屬兌兌爲言故也

司圜中士六人下士十有二人府三人史六人胥十有六人徒百有六十人鄭司農云圜謂圜土也圜土謂獄城也今獄城圜司圜職中言凡圜土之刑人也以此知圜謂圜土也又大司寇職曰以圜土聚教罷民故司圜職曰掌收教罷民○圜于權反罷音皮下同〔疏〕司圜至十人○釋曰在此者案其職云掌圜土之刑人亦刑獄之事故在此○注鄭司至罷民○釋曰先鄭所引皆當其義故後鄭從之但獄城圜者東方主規規主仁恩凡斷獄以仁恩求出之故圜也

掌囚下士十有二人府六人史十有二人徒百有二十人囚拘也主拘繫當刑殺之者○〔疏〕注囚拘至之者○釋曰在此者案其職云掌守盜賊凡囚者刑獄之事故在此也

掌戮下士二人史一人徒十有二人戮猶辱也既斬殺又辱之〔疏〕注戮猶至辱之○釋曰在此者案其職云掌斬殺賊諜而搏之刑罪之事故在此

司隸中士二人下士十有二人府五人史十人胥二十人徒二百人隸給勞辱之役者漢始置司隸亦使將徒治道溝渠之徒役稍尊之使主官府及近郡〔疏〕注隸給至近郡○釋曰以隸是罪人爲奴僕故知給勞辱之役也又引漢始置司隸云云者以漢時司隸官與周同故舉以爲況也

罪隸百有二十人盜賊之家爲奴者〔疏〕罪隸至十人○釋曰此中國之隸言罪隸古者身有大罪身既從戮男女緣坐男子入於罪隸女子入於舂槀故注云盜賊之家爲奴者蠻隸已下皆百二十人者鄭云凡隸衆矣此其選以爲役員者謂隸中選取善者以爲役之員數爲限其餘衆者以爲隸民故司隸職云帥其民而搏盜賊役國中之辱事之等是百二十人外謂之民者也

蠻隸百有二十人征南夷所獲

閩隸百有二十人閩南蠻之別○閩亡巾反又音文

夷隸百有二十人征東夷所獲

貉隸百有二十人征東北夷所獲凡隸衆矣此其選以爲役貟其餘謂之隸○貉音陌

布憲中士二人下士四人府二人史四人胥四人徒四十人憲表也主表刑禁者〔疏〕注憲表至禁者○釋曰在此者案其職云掌憲邦之刑禁故在此也知憲不爲法而爲表憲者又案其職云正月之吉執旌節以宣布于四方而憲邦之刑禁明憲爲表懸示人使知者也

禁殺戮下士二人史一人徒十有二人禁殺戮者禁民不得相殺戮○〔疏〕禁殺至二人○釋曰在此者案其職云掌司斬殺戮者以告而誅之是禁民相殺戮之事故在此也

禁暴氏下士六人史三人胥六人徒六十人

〔疏〕禁暴。釋曰此亦謂禁民不得相陵暴在此者案其職云掌禁庶民之亂暴力正者亦是防禁之事故在此也

野廬氏下士六人胥十有二人徒百有二十人廬賓客行道所舍〔疏〕注廬賓至所舍。釋曰在此者案其職云掌達國道路又云掌凡道禁亦是禁戒之事故在此也知廬是賓客行道所舍者見遺人云十里有廬三十里有宿故知之也

蜡氏下士四人徒四十人蜡骨肉腐臭蠅蟲所蜡也月令曰掩骼埋胔此官之職也蜡讀如狙司之狙。蜡清預反注同蠅以繩反骼更白反貍亡皆反本又作埋胔本又作骴似賜反〔疏〕注蜡骨至之狙。釋曰在此者案其職云掌除胔又云凡國之大祭祀禁刑者凶服者亦是禁戒之事故在此引月令掩骼埋胔者案彼注骨枯曰骼肉腐曰胔掩亦埋但骼胔不同故別言也言骼胔者凡人物皆是云蜡讀如狙司之狙者俗有狙司之言故讀從音也若然月令所云是春時令不在春官者彼月令為春時陽不欲陰之事故在春此取禁戒之事故在秋也

雍氏下士二人徒八人雍謂隄防止水者也○雍於勇反劉如字注同隄丁兮反

疏注雍謂至者也○釋曰在此者案其職云掌溝瀆澮池之禁亦是禁戒之事故在此也

萍氏下士二人徒八人鄭司農云萍讀爲蛢或爲萍號起雨之萍玄謂今天問萍號作蓱爾雅曰萍蓱其大者蘋讀如小子言平之平萍氏主水禁萍之草無根而浮取名於其不沈溺○萍音平又蒲丁反蛢蒲丁反爾雅云蚊黃蛢萍號蓱蒲丁反萍蓱上音平○

疏萍氏○釋曰按其職云掌國之水禁亦是禁戒之事故在此也注鄭司至沈溺○釋曰先鄭讀萍爲蛢取音同云或爲萍號起雨之萍者亦天問之文萍亦浮萍之草也玄謂今天問者離騷有天問篇天不可問故以天問爲名此就足先鄭音義同引爾雅萍蓱其大者蘋者此以義相曉也云讀如小子言平之平者俗讀取音同皆取萍水草無根而浮不沈禁人使不沈溺如萍也○

司寤氏下士二人徒八人寤覺也主夜覺者○覺音教下同○

疏注寤覺至覺者○釋曰在此者案其職云禦晨行者禁宵行者夜遊者是禁戒之事故在此也言寤覺也主夜覺者凡人之寐

臥恒在寢得禁之者人有夜寐忽覺而漫出門者故謂之爲夜覺也

司烜氏下士六人徒十有六人烜火也讀如衛侯燬之燬故書燬爲垣。鄭司農云當爲烜。○烜音毁注燬同垣劉音表〔疏〕注烜火至爲烜。○釋曰在此者案其職云掌取明火及以木鐸修火禁亦是禁戒之事故在此也云讀如衛侯燬之燬者春秋左氏衛侯燬滅邢詩云王室如燬燬亦火之別名也

條狼氏下士六人胥六人徒六十人杜子春云條當爲滌器之滌玄謂滌除也狼狼扈道上。○條音滌滌徒歷反注同〔疏〕條狼至十人。○釋曰在此者案其職云掌執鞭以趨辟凡誓僕及誓馭之等是禁戒之事故在此也。○注杜子至道上釋曰云滌器之滌者讀從特牲少牢滌祭器等之滌也云狼狼扈道上者謂不蠲之物在道猶今言狼藉也

脩閭氏下士二人史一人徒十有二人閭謂里門〔疏〕注閭謂里門。○釋曰在此者案其職云掌比國中宿互㯩者亦是禁戒之事故在此也云閭謂里門者爾雅云巷門謂之

閭故知是二十五家之里門也

冥氏下士二人徒八人鄭司農云冥讀爲冥氏春秋之冥玄謂冥方之冥以繩縻取禽獸之名○冥如字又莫歷反縻亡皮反〔疏〕冥氏至八人○釋曰在此者案其職云掌設弧張爲阱擭以攻猛獸是冥然使之不覺亦是禁守之事故在此○注鄭司至之名○釋曰云冥冥氏春秋者冥氏作春秋書名若晏子呂氏春秋之類取其音讀也後鄭云冥方之冥亦取音同云以繩縻取禽獸之名者解冥是冥然使不覺之意也

庶氏下士一人徒四人庶讀如藥煑之煑驅除毒蠱之言書不作蠱者字從聲○庶音煑又章預反蠱音古〔疏〕注庶讀至從聲○釋曰在此者案其職云掌除毒蠱是除惡之事故在此也云庶讀如藥煑之煑者俗讀意取以藥煑去病去毒蠱亦如是云書不作蠱者字從聲者除蠱者庶是去之意故爲庶不爲蠱也是其取聲

穴氏下士一人徒四人穴搏蟄獸所藏者○搏音博劉音付蟄直立反〔疏〕注穴

搏至藏者○釋曰在此此者案其職云掌攻蟄獸是除猛惡之事故在此也云穴搏蟄獸所藏者凡獸蟄皆藏在穴中故以穴爲官名使取蟄獸也

翨氏下士二人徒八人 翨鳥翮也鄭司農云翨讀爲翅翼之翅○翨音翅失豉反又吉豉反

〔疏〕注翨鳥至之翅○釋曰在此者案其職云掌攻猛鳥亦是除惡之義故在此云翨鳥翮也者羽本曰翮凡鳥有羽翨者皆有翮故云翨鳥翮也凡翨翅皆作翅不作翨故破從之也

柞氏下士八人徒二十人 柞除木之名除木者必先挍剝之鄭司農云柞讀爲音聲唶唶之唶屋笮之笮○柞側百反注唶屋笮皆同挍古鮑反

〔疏〕柞氏至十人○釋曰在此者案其職云掌攻草木亦是除惡之義故在此○注柞除至之笮○釋曰知柞是除木之名者見詩云載芟載柞芟是除草明柞是除木云除木者必先刊剝之者見其職云夏日至令刊陽木而火之冬日至令剝陰木而水之是先刊剝之先鄭讀柞爲音聲唶唶之唶者讀從春秋行扈唶唶之唶又爲屋笮之笮者俗讀皆從音同也

薙氏下士二人徒二十人 書薙或作夷鄭司農云掌殺草故春秋傳曰如農夫之務去草芟夷蘊崇之又今俗間謂麥下爲夷下言芟夷其麥以其下種禾豆也玄謂薙讀如鬀小兒頭之鬀書或作夷此皆翦草也字從類耳月令曰燒薙行水謂燒所芟草乃水之○薙字或作雉同它計反徐庭計反去起呂反芟所銜反蘊紆粉反徐憂羣反鬀它計反〔疏〕薙氏至十人○釋曰在此者案其職云掌殺草亦是除惡之義故在此也○注書薙至水之○釋曰先鄭從古書薙爲夷故引古今而爲證也春秋者左氏傳隱六年夏五月鄭伯侵陳往歲鄭伯請成於陳陳侯不許五父諫曰親仁善鄰國之寶也又云周任有言曰爲國家者見惡如農夫之務去草芟夷蘊崇之注云芟刈夷殺蘊積崇聚玄謂薙讀如鬀小兒頭之鬀者俗讀也云字從類耳者人鬀之鬀從髟薙草還草下爲之故云類也月令者仲夏令引之者欲見薙草須燒之又須水之意也

硩蔟氏下士二人徒二人 鄭司農云硩讀爲擿蔟讀爲爵蔟之蔟謂巢也玄謂硩古字從石折聲○硩音摘它歷反徐丈列反沈勑徹反李又思亦反蔟倉獨反○〔疏〕折蔟至二人○釋曰在此者

案其職云掌覆夭鳥之巢是除惡之類故在此○注鄭司至折聲○釋曰先鄭讀哲爲擿後鄭不從者先鄭意以爲杖擿破之故從擿後鄭意以石物等投擲爲義故不從先鄭又云蔟爲爵蔟之蔟者爵蔟是雀窠後鄭從之玄謂哲古字從石折聲者以石投擲毀之故古字從石以折爲聲是上聲下形字也

翦氏下士一人徒二人　翦斷滅之言也主除蠹蠹者詩云實始翦商○蠹都路反

（疏）注翦斷至翦商○釋曰在此者案其職云掌除蠹物故鄭云翦斷滅言之也主除蠹橐者故在此引詩者證翦是翦除

赤犮氏下士一人徒二人　赤犮猶言捇拔也主除蟲豸自埋者○赤如字一音采昔反犮徐音跋畔末反劉房末反捇采昔反徐呼陌反拔畔末反劉房末反或蒲八反豸直氏反

（疏）注赤犮至埋者○釋曰在此者案其職云掌除牆屋注除蟲豸藏逃其中者爾雅釋蟲云有足曰蟲無足曰豸亦是除惡之義故在此言赤犮猶言捇拔者拔除去之也

蟈氏下士一人徒二人鄭司農云蟈讀爲蜮蜮蝦蟇也月令曰螻蟈鳴故曰掌去鼃黽鼃黽蝦蟇屬書或爲掌去蝦蟇玄謂蟈今御所食蛙也字從𧈅國聲也蜮乃短狐與○蟈氏音古獲反注同劉又音國蜮劉音或一音古獲反蝦音遐蟇音麻螻音樓鼃戶蝸反又解佳反黽莫幸反蛙戶蝸反劉解佳反沈和佳反蜮音或與音餘下官與同

【疏】蟈氏至二人○釋曰在此者案其職云掌去鼃黽亦是除惡之義故在此也○注鄭司至狐與○釋曰先鄭以蟈爲蜮又以蜮爲蝦蟇後鄭不從鼃黽蝦蟇屬是其類也云書或爲掌去蝦蟇者於義可也玄謂蟈今御所食蛙也者蛙蟈爲一物云字從虫國聲也者國與蟈爲聲所謂左形右聲者也云蜮乃短狐與者案莊公十八年秋有蜮服云短狐南方盛暑所生其狀如鼈古無今有含沙射人入皮肉中其瘡如疥徧身中濩濩蜮蜮故曰災禮曰蜮君則有案五行志劉向以爲蜮生南越由齊姜淫惑莊公故生於魯

壺涿氏下士一人徒二人壺謂瓦鼓涿擊之也故書涿爲獨鄭司農云獨讀爲濁其源之濁音與涿相近書亦或爲濁○涿陟角反又音濁近附近之近

【疏】壺涿至二人○釋曰在此者案其職

云掌除水蟲亦是除惡之類故在此也○注壺謂至爲濁○釋曰壺乃盛酒之器非可涿之物故知是瓦鼓必知是瓦者雖無正文攷工記有陶人瓬人造瓦器甌水蟲非六鼓故知瓦鼓也先鄭雖讀涿爲濁聲轉字誤故爲濁猶從涿爲義故後鄭引之在下濁其源大玄經文也

庭氏下士一人徒二人 庭氏主射妖鳥令國中絜清如庭者也○射食亦反清才性反又如字 疏 注庭氏至者也○釋曰在此者案其職云掌射國中妖鳥亦是除惡之類故在此也

銜枚氏下士二人徒八人 銜枚止言語囂讙也枚狀如箸橫銜之爲之繣結於項○囂五高反一音許驕反下同讙音歡箸直慮反繣戶卦反又胡麥反 疏 注銜枚至於項○釋曰在此者案其職云大祭祀令禁無囂亦是禁戒之事故在此也云狀如箸橫銜之爲之繣結於項者繣謂以組爲之繫著兩頭於項後結之

伊耆氏下士一人徒二人 伊耆古王者號始爲蜡以息老物此主王者之齒杖

後王識伊耆氏之舊德而以名官與今姓有伊耆氏○耆巨之反蜡仕詐反【疏】伊耆至二人○釋曰在此者案其職云掌共杖杖老者所依秋是長老之方故在此○注伊耆至耆氏○釋曰案明堂位云土鼓蕢桴葦籥伊耆氏之樂也鄭注亦云伊耆氏古天子有天下之號云始爲蜡以息老物者郊特牲文引之者取息老物證伊耆供杖於老者之事故也云此主王者之齒杖後王識伊耆氏之舊德而以名官與者言後王職伊耆氏之舊德則周家以前爲後王至周又因之故不指周而云後王也

大行人中大夫二人小行人下大夫四人司儀上士八人中士十有六人行夫下士三十有二人府四人史八人胥八人徒八十人行夫主國使之禮○使所吏反【疏】大行至行夫○釋曰此四官在此者皆主賓客嚴凝之事故也亦謂別職同官故四官各有職司而共府史胥徒也○注行夫至之禮○釋曰大行人小行人司儀皆掌賓客之禮不見注解至行夫獨注之以官

獨多於餘官以主國使之禮至於美
惡無禮皆使之故官多於餘官也
環人中士四人史四人胥四人徒四十八人環猶圍也
主圍賓客任器爲之守衛○環戶關反劉戶串反○疏注環猶至守衛○釋曰在此者案其職云賓客舍則授館
令聚擵亦是禁守之事故在此也云主
圍賓客之任器爲之守衛者其職文也
象胥每翟上士一人中士二人下士八人徒
二十人通夷狄之言者曰象胥其有才知者也此類之本名東方曰寄南方曰象西方曰狄鞮北方曰譯合
摠名曰象者周之德先致南方也○知音智鞮丁兮反譯音亦疏注通夷至方也○釋曰在此者案其職云掌四
夷之國使以傳賓主之語故亦連類在此也云此類之本名
東方已下皆王制文云寄者賓主不相解語故寄中國於東
夷又寄東夷語於中國使相領解云象者傳南方於中國還
象中國以傳之與南方人語則還象南方語而傳之云狄鞮
者鄭彼注云鞮之言知也雖不訓狄狄即敵也謂言語相敵
使之知也云北方曰譯者譯即易謂換易言語使相解也云

揔名曰象者四方別稱經唯有一象故云揔名曰象云周之德先致南方也者即詩序所云文王之德被於江漢是也又書序云巢伯來朝注巢伯殷之諸侯聞武王克商慕義而來朝此皆致南方故象得揔名也

掌客上士二人下士四人府一人史二人胥二人徒三十人【疏】掌客○釋曰在此者案其職云掌賓客牢禮之陳亦是賓客嚴凝象秋故在此

掌訝中士八人府二人史四人胥四人徒四十人訝迎也賓客來主迎之鄭司農云訝讀爲跛者訝跛者之訝○跛波可反【疏】注訝迎至之訝○釋曰在此者案其職云掌迎賓客故連類在此先鄭云跛者訝跛者之訝此公羊傳文時晉使郤克聘齊郤克跛齊使跛者往御御亦訝故讀從之也

掌交中士八人府二人史四人徒三十有二

人主交通結諸侯之好○好呼報反〔疏〕注主交至之好○釋曰在此者案其職云掌九禁之難有禁戒之事故在此也

掌察四方中士八人史四人徒十有六人

掌貨賄下士十有六人史四人徒三十有二人〔疏〕掌察四方掌貨賄○釋曰在此者葢督察邦國之事及掌邦國所致貨賄但二官闕不可強言也○

朝大夫每國上士二人下士四人府一人史二人庶子八人徒二十人此王之士也使主都家之國治而命之朝大夫云○治直吏反〔疏〕朝大至十八○釋曰在此者案其職云掌都家之國治因有邦國賓客在秋都家之治亦在此○注此王至夫云○釋曰此云每國上士二人是王朝之士以其主采地之國治事重則名之曰朝大夫云畿內三等采地地雖有百里五十里二十五里揔謂之國若王制云九十三國也云庶子者葢亦主采地之諸子今在府史之下葢官長所

自辟除也

都則中士一人下士二人府一人史二人庶子四人徒八十人都則主都家之八則者也當言每都如朝大夫及都司馬云○〔疏〕注都則至馬云○釋曰此官已闕鄭知主八則者太宰云八則治都鄙此經云都則故知則八則也

都士中士二人下士四人府二人史四人胥四人徒四十人家士亦如之都家之士主治都家吏民之獄訟以告方士者也亦當言每都〔疏〕注都家至每都○釋曰在此者此官雖闕義理可言以其稱士則知主獄故鄭云都家之士主治都家吏民之獄訟以告方士者也必知王家不置都士而云都家之士者以其都司馬使王自爲之家司馬家自置司馬以司馬主軍事重故王置都司馬此刑事輕於軍故都家王皆不置都士但已有方士主其獄故使都家之士以獄告也

大司寇之職掌建邦之三典以佐王刑邦國詰四方典法也詰謹也書曰王耗荒度作詳刑以詰四方○詰起吉反耗莫報反度待洛反〔疏〕大司至四方○釋曰大司寇云佐王刑邦國詰四方不言刑王國詰畿內者王官不嫌不刑詰在內故舉外以見內也大宰云以六典治邦國今此更言建三典者彼六典自是六官之典此三典是刑之三典與彼別故司寇別施之○注典法至四方○釋曰典法也案大宰注云典法則所用異異其名也故云典法也引書者呂刑篇文呂侯訓夏贖刑王耄荒度作詳刑以詰四方謂周穆王老。耄亂荒忽猶能用賢量度詳審之刑以詰謹四方引之者證詰爲謹義也一曰刑新國用輕典新國者新辟地立君之國用輕法者爲其民未習於教○爲于僞反〔疏〕注新國至於教○釋曰云新國者新辟地立君之國者謂若世衰夷狄內侵國君誅滅聖人後作日辟國百里既攘夷狄國空無主民不獨治須立君化之則是新辟地立君之國者也趙商問族師職曰四閭爲族八閭爲聯使之相保相受刑罰慶賞相及在康誥曰父不慈子不孝兄不友弟不恭不相及也族師之職鄰比相坐康誥之云門內尚寬不知書禮是錯未達指趣荅曰旅師之職周公新制禮使民相拱勑之法康誥之時周法未定天下又新誅三監務在尚寬以安天下先後量時各有云爲乃謂是錯也若然言周公之時未定天下即是新國更云新誅三監假令周法先定新誅之國亦是新國故此云新辟地立君也

二曰刑平國用中典平國承平守成之國也用中典者常行之法〔疏〕注平國至之法○釋曰云平國承平守成之國也者謂先君受封後君承前平安守持成立之國民已被化則用常行之法以治之

三曰刑亂國用重典亂國篡弑叛逆之國用重典者以其化惡伐滅之○篡初患反殺音試本亦作弑〔疏〕注亂國至滅之○釋曰云亂國篡弑叛逆之國者謂若州吁篡國崔杼弑君臧紇叛魯此皆逆亂之國如此之國民起惡心故於常法之外爲惡者則當伐滅之也

以五刑糾萬民刑亦法也糾猶察異之○〔疏〕注刑亦至異之○釋曰此五刑與尋常正五刑墨劓之等別刑亦法也此五法者或一刑之中而含五或此五刑全不入五刑者云糾猶察異之者謂萬民犯五刑察取與之罪使別異善惡則尚書畢命云旌別淑慝表厥宅里是也

一曰野刑上功糾力功農功力

勤〔疏〕注功農至勤力○釋曰以其言野則國外若鄉大夫云野自六尺之類旣言在野爲功故知功是農功力勤力○二曰軍刑上命糾守命將命也守不失部伍○守劉音狩注同將子匠反也○〔疏〕注命將至部伍○釋曰以其在軍梱外之事將軍裁之故知命是將命也軍行必有部分卒伍故云不失部伍也○三曰鄉刑上德糾孝德六德也善父母爲孝○〔疏〕注德六至爲孝○釋曰謂在鄉中之刑大司徒云以鄉三物教萬民一曰六德知仁聖義忠和旣言在鄉故知德是六德教民者非教國子三德沓由九德者也善父母爲孝爾雅釋訓文○四曰官刑上能糾職能能其事也職職事〔疏〕注能能至脩理○釋曰知能是能其事職職事脩理〔疏〕脩理者以其言官官中見能見職明知義然○五曰國刑上愿糾暴愿慤愼也暴當爲恭字之誤也○愿音願劉又音原依注暴作恭慤苦角反○〔疏〕注愿慤至誤也○釋曰知爲恭不作暴者以其上四刑皆糾察其善不糾其惡以類言之故知是恭恭又似暴字故云字之誤也○以圜土聚教罷民圜土獄城也聚罷民其中困苦以教之爲

善也民不愍作勞有似於罷○罷音皮注下皆同〔疏〕注圜土至愍音敏劉亡覲反尚書作愍音敏又作昬皆訓强於罷○釋曰此已下說罷民云教之者正謂夜入圜土晝則役之司空困苦則歸善鄭云困苦以教之爲善云民不愍作勞有似於罷者罷謂困極罷弊此圜土被囚而役是不愍强作勞之民有似罷弊之人也**凡害人者寘之圜土而施職事焉以明刑恥之**害人謂爲邪惡已有過失麗於法者以其不故犯法寘之圜土繫教之庶其困悔而能改也寘置也施職事以所能役使之明刑書其罪惡於大方版著其背○寘之豉反又音示邪似嗟反下同著丁略反一音直略反○〔疏〕注害人至其背○釋曰云害人謂爲邪惡已有過失麗於法者案司救職云凡民之有衺惡者三讓而罰三罰而士加明刑恥諸嘉石役諸司空即此下文者是也此謂語言無忌悔慢長老過淺直坐之嘉石不入圜土者也彼下文又云其有過失者三讓而罰三罰而歸於圜土此謂抽拔兵劒誤以傷人罪重不坐嘉石徑入圜土晝日亦役之司空夜入圜土者也此罷民本無故心直是過誤此入五刑者爲輕比坐嘉石者爲重故云已麗於法麗於法是入圜土者也**其能改過反于**

中國不齒三年　反于中國謂舍之還於故鄉里也司圜職曰上罪三年而舍中罪二年而舍下罪一年而舍不齒者不得以年次列於平民。疏 其能至三年。釋曰云能改正改也。注反于至平民。釋曰言反于中國者虞書有五宅三居彼不在中國此則反還於故鄉里也引司圜職已下見舍之遠近此所舍鄉則玉藻所謂垂緌五寸惰游之士也是也

其不能改而出圜土者殺　出謂逃亡 疏 其不至者殺。釋曰云不能改正謂不能伏思已過而出圜土也。

以兩造禁民訟入束矢於朝然後聽之　訟謂以財貨相告者造至也使訟者兩至既兩至使入束矢乃治之也不至不入束矢則是自服不直者也必入矢者取其直也詩曰其直如矢古者一弓百矢束矢其百个與。造七報反注同个古賀反與音餘。疏 造以兩至聽之。釋曰此并下二經論禁民獄訟不使虛誣之事言禁者謂先令入束矢不實則沒入官若不入則是自服不直是禁民省事之法也。注訟謂至个與。釋曰云訟謂以貨財相告者以對下文獄是相告以罪名也此相對之法若散文則通是以衞侯與元咺訟是罪名

亦曰訟云古者一弓百矢者尚書文侯之命平王賜晉文侯及僖二十八年襄王賜晉文公皆云彤弓一彤矢百故知一弓百矢云束矢其百个與者彼是所賜此乃入官約同之故云與以疑之泮水詩云束矢其搜毛云五十矢曰束彼鄭從之者彼或據在軍矢數與受賜者異故從毛傳也○**以兩劑禁民獄入鈞金三日乃致于朝然後聽之**獄謂相告以罪名者劑今券書也使獄者各齎券書既兩券書使入鈞金又三日乃治之重刑也不券書不入金則是亦自服不直者也必入金者取其堅也三十斤曰鈞○兩劑子隨反○疏以兩至聽之○釋曰此一經聽爭罪之事與上聽訟有異此則各遣持劑之書契又入金不入矢三日乃致于朝者皆謂以獄事重於訟事故鄭云重刑也○注獄謂至曰鈞○釋曰云獄謂相告以罪名者對前相告以財貨爲訟也云劑今券書也者小宰云聽賣買以質劑質人云大市以質小市以劑鄭小宰注云簿書之最目獄訟之要辭皆曰契則劑謂券書者謂獄訟之要辭若王叔氏不能舉其契是也三十斤曰鈞律歷志文○**以嘉石平罷民**嘉石文石也尌之外朝門左平成也成之使善○文石如字劉音問尌音樹○疏

注嘉石至使善○釋曰此嘉石肺石在朝士職朝士屬大司寇故見之耳云嘉石文石也者以其言嘉嘉善也有文乃稱嘉故知文石也欲使罷民思其文理以改悔自脩樹之外朝門左朝士文也○

凡萬民之有罪過而未麗於灋而害於州里者桎梏而坐諸嘉石役諸司空重罪旬有三日坐朞役其次九日坐九月役其次七日坐七月役其次五日坐五月役其下罪三日坐三月役使州里任之則宥而舍之有罪過謂邪惡之人所罪過者也麗附也未附於法未著於法也木在足曰桎在手曰梏役諸司空坐日訖使給百工之役也役月訖使其州里之人任之乃赦之宥寬也○桎音質梏戶毒反著直略反下附猶著皆同○疏凡萬至舍之○釋曰云未麗於法秖謂入圜土爲法此坐嘉石之罷民未入圜土差輕故也云害於州里者謂語言無忌侮慢長老云桎梏而坐諸嘉石者謂坐時坐日滿役諸司空則無桎梏也此已下輕重有

五節皆就語言侮慢之中斟酌爲輕重分五等也云使州里任之者仍恐習前爲非而不改故使州長里宰保任乃舍之以稍輕入鄉即得與鄉人齒亦無垂綏五寸之事也鄭云木在足曰桎在手曰梏知者無正文見掌囚云上罪梏拲而桎拲謂兩手共一木梏與拲連言故知梏在手桎在足也廣雅云手間之梏械足間之桎械亦是手曰梏足曰桎易志冷剛問大畜六四童牛之梏元吉注巽爲木互體震震爲牛之足足在艮體之中艮爲手持木以就足是施梏又蒙初六注云木在足曰桎在手曰梏今大畜六四施梏於足不以足言之審桎梏手足定有別否荅曰牛無手故以足言之**以肺石遠窮民**肺石赤石也窮民天民之窮而無告者○肺芳廢反疏注肺石至告者○釋曰云肺石赤石者也者陰陽療疾法肺屬南方火火色赤肺亦赤故知名肺石是赤石也必使之坐赤石者使之赤心不妄告也云窮民天民之窮而無告者王制文彼上文云少而無父者謂之孤老而無子者謂之獨老而無妻者謂之鰥老而無夫者謂之寡此四者天民之窮而無告者也皆有常餼**凡遠近惸獨老幼之欲有復於上而其長弗達者立於肺石三日士聽其**

辭以告於上而罪其長無兄弟曰惸無子孫曰獨復猶報也上謂王與六卿也報之者若上書詣公府言事矣長謂諸侯若鄉遂大夫○惸其營反長丁丈反下及注同上時掌反〔疏〕凡遠至其長○釋曰言遠近者無有遠近畿外畿內之民皆有惸獨老幼之等云欲有復於上而其長弗達者謂長官不肯通達審知其貧困者故須復報於上如此之類是上窮民即來立於石也○注無兄至大夫○釋曰鄭知惸是無兄弟者王制已有孤獨鰥寡不見惸則惸是無兄弟可知也是以尚書洪範亦云無虐惸獨而畏高明孔云惸單無兄弟也無子曰獨云無子孫曰獨者案王制唯云老而無子曰獨今兼云孫者無子有孫不爲獨故兼云無孫也鄭不釋經老幼者老則無夫無妻幼則無父可知故不釋也知上是王與六卿者六卿並知國政皆得受冤怨故兼六卿言之云長謂諸侯若鄉遂大夫者訴冤之人天下皆是故長亦兼天下故以畿外諸侯及畿內鄉遂大夫皆得爲長也若然不言三等采地之主及三公邑大夫者在長中可知故舉外內以包之也

正月之吉始和布刑于邦國都鄙乃縣刑象之灋于象魏使萬民觀

刑象挾日而斂之正月朔日布五刑於天下正歲又縣其書重之○縣音玄注及下同挾子叶反【疏】正月至斂之○釋曰正月之吉者謂建子之月正月一日也言始和者太宰注凡治有故言始和者若改造云爾其實不改也云布刑于邦國都鄙者正月和即以此月布于天下云乃縣刑象之法于象魏者謂建寅正歲邦國及都鄙幷王家雉門皆一時縣之斂之者天子斂藏於明堂諸侯斂藏於祖廟日月受而行之謂之聽朔○注正月至重之○釋曰鄭云天下即邦國都鄙也云正歲又縣其書重之知正歲乃縣者亦約小司寇知之也凡邦之大盟約涖其盟書而登之于天府涖臨也天府祖廟之藏○約於妙反藏才浪反【疏】凡邦至天府○釋曰云凡邦之大盟約者謂王與諸侯因大會同而與盟所有約誓之辭云涖其盟書而登於天府者既臨其盟書因即登此盟書于天府○注涖臨至之藏○釋曰云天府祖廟之藏者天府職文大史內史司會及六官皆受其貳而藏之六官六卿之官也貳副也○會古外反下司會同【疏】大史至藏之○釋曰大史內史司會掌事皆與六卿

同故皆有副貳盟辭而藏之擬相勘當也凡諸侯之獄訟以邦典定之邦典六典也以六典待邦國之治○治直吏反下同〔疏〕注邦典至之治○釋曰云邦典六典也者案大宰職以典待邦國之治故邦國有獄訟之事來請王府還以邦典定之凡卿大夫之獄訟以邦灋斷之邦法八法也以八法待官府之治○斷丁亂反下注皆同〔疏〕注邦法至之治○釋曰案大宰云以八法治官府是以卿大夫有獄訟還以邦之八法斷之若然大宰有八則治都鄙此不言都鄙有獄訟以八則斷之者都鄙有獄訟都家之士告于方士治之故此不言也凡庶民之獄訟以邦成弊之邦成八成也以官成待萬民之治故書弊爲憋鄭司農云憋當爲弊邦成謂若今時決事比也弊之斷其獄訟也故春秋傳曰弊獄邢侯○弊必世反斷也後訓斷者皆同弊劉芳滅反又音畀設反比必利反○〔疏〕注邦成至邢侯○釋曰大宰云以官成待萬民之治是邦成八成也者則小宰云一曰聽政役以比居二曰聽師田以簡稽已下是也先鄭云邦成謂若今時決事比也者此八

者皆是舊法成事品式若今律其有斷事皆依舊事斷之其無條取比類以決之故云決事比也春秋傳者春秋左氏傳晉邢侯與雍子爭鄐田邢侯不勝乃弊獄邢侯引之者證弊爲憖義同也 大祭祀奉犬牲 奉猶進也〔疏〕大祭至犬牲○釋曰犬屬西方金犬既當方之畜故司寇奉進犬牲也 若禋祀五帝則戒之日涖誓百官戒于百族 戒之日卜之日也百族謂府史以下也郊特牲曰卜之日王立于澤親聽誓命受教諫之義也獻命庫門之內戒百官也太廟之內戒百姓也〔疏〕若禋至百族○釋曰禋之言煙煙祀五帝謂迎氣於四郊及摠享五帝於明堂也云戒之日者謂前十日卜之日卜吉即戒之使散齊云涖誓百官者謂餘官誓百官之時大司寇則臨之云戒於百族者大司寇親自戒之其百官官所戒者當太宰爲之是以太宰云祀五帝前期十日帥執事而卜日遂戒故知太宰戒百官也若然太宰云祀五帝則掌百官之誓戒太宰雖云掌百官誓戒戒則親爲之誓則掌之而不親誓何者此司寇卑於太宰此云涖誓百官豈司寇得臨太宰乎故知太宰掌之餘小官誓之司寇臨之也○注戒之至姓也○釋曰鄭知百族府史以下者以其王之百姓

亦同大宰戒之故知百族府史胥徒也引郊特牲者欲見百
族非王之親是府史以下也云獻命庫門之内戒百官也者
王自澤宮而還入皐門至庫門之内大宰獻命命即戒百官
又於庫門而東入廟門廟門之内戒百姓彼注云百姓王之
親也以親故入廟乃戒之**及納亨前王祭之日亦如之**納亨致牲○亨普庚反劉普孟反注同下納亨放此〔疏〕及納至如之○釋曰鄭云納亨致牲者謂將祭之辰。祭之日謂旦明也此二者大司寇爲王引道故云亦如之**奉其明水火**明水火所取於日月者○〔疏〕注明水至月者○釋曰司烜氏以陽燧取火於日中以陰鑑取水於月中明者絜也王人明絜水火乃成可得是明水火所取於日月者也奉此水火者水以配鬱鬯與五齊火以給爨亨也**凡朝覲會同前王大喪亦如之**大喪所前或嗣王○〔疏〕凡朝至如之○釋曰朝覲不言大則四時朝也會同謂時見曰會殷見曰同此者皆司寇在王前爲導也其大喪亦如之亦導王也○注大喪至嗣王○釋曰知嗣王者以經云大喪是王喪復云前王明是嗣王也言或者大喪或是先后及王世子皆是大喪若先后及世子大喪則王爲正王也既言前王明以先后世子爲政故云或嗣王也凡大喪之禮有三大宰云大喪贊贈玉含玉大司馬云大喪平士大夫贈王謂王喪大宗伯云朝覲會同則爲上相大喪亦如之注云王后世子及此大喪亦如之二者容有先后及后世子又宰夫云大喪小喪掌小官之戒令注云大喪王后世子也小喪夫人以下然則大喪與小喪相連則不容有王喪

大軍旅涖戮于社社謂社主在軍者也鄭司農說以書曰用命賞于祖不用命戮于社〔疏〕注社謂至于社○釋曰鄭知社謂社主在軍者也者以其大軍旅非在國故先鄭引書爲證彼書謂甘誓啟與有扈戰于甘之野誓士衆辭社是陰殺亦陰賞是陽祖是遷主亦陽故各於其所必於祖社主前者尊祖嚴社之義也○

凡邦之大事使其屬蹕屬士師以下也故書蹕作避杜子春云避當爲辟謂辟除姦人也玄謂蹕止行也○趩本亦作蹕音畢○〔疏〕注屬士至行也○釋曰云凡邦之大事者言凡語廣則國有大事王動行皆使其屬蹕鄭知其屬是士師以下者見士師職云諸侯爲賓則師其屬而蹕于王宮注云諸侯來朝若饗食時士師云帥其屬則士師以下上士中士下士皆蹕知者以此注云士師以下故也

禮疏三十四卷終

周禮注疏卷三十四挍勘記　阮元撰盧宣旬摘錄

附釋音周禮注疏卷第三十四

秋官司寇第五　唐石經作第九是誤以卷數改篇第也

禁所以防姦者也　宋刻大字本嘉靖本閩監毛本同錢鈔宋本姦作奸非

家大夫之采主此三等采地之獄　閩本同監毛本主作地按地主二字當並有

以朝主爲詢衆庶　監本同誤也當從閩毛本作朝士

殺牲歃血　諸本同大字本歃作歃釋文亦出歃血二字

大入徒十六人　閩監毛本同唐石經大字本岳本錢鈔本嘉靖本皆作徒十有六人當據以補正

今獄城圖　大字本岳本錢鈔本嘉靖本毛本同閩監本城下衍曰當刪正

言凡圜土之刑人也 監本士誤上疏中誤士閩本同

司隸 監毛本此節有司隸至百人○釋曰在此者案其職云掌五隸之法五隸皆是罪人故在此疏文一段此本及閩本皆脫今據補錄

禁殺戮下士二人 毛本下士誤倒

禁暴○釋曰 監毛本作禁暴至十人此本及閩本脫下三字

蠅蟲所蜡也 漢讀考云說文虫部蜡蠅胆也周禮蜡氏掌除骴肉部胆蠅乳肉中也通俗文同此注所蜡也當作所胆也謂蠅所聚乳也胆俗作蛆

掩骼埋胔 釋文作貍骴云本又作埋胔

蜡讀如狙司之狙 岳本狙誤徂

雍謂隄防止水者也 閩監本防改坊非

萍讀爲蛢諸本同按此當作蛢讀爲蓱因故書作蛢蟥之
蛢故司農讀從苹蓱之蓱下云或爲苹號起雨
之萍則蓱苹字通也此經當作蛢氏後人援注改經又易
注蓱爲萍則與下萍號爲一字矣因此官義取蓱草之不
沈溺古經假借作蛢故司農改讀爲蓱爲萍若經本作萍
而易爲蛢斷無此理也

元謂今天問萍號作蓱爾雅曰萍蓱諸本同段玉裁云當
作今天問萍號作蓱
王逸注本正作蓱云一作萍按後鄭增成司農義而意主
蓱字故引今天問蓱號爾雅苹蓱以證之苹蓱當作苹蓱
釋文云蓱本亦作苹是也蓱蓱乃一字不得爲二名

萍氏主水禁萍之草此二萍字皆當作蓱司農爲蓱爲萍
兩讀鄭君則取蓱字音作讀如平

萍氏○釋曰按其職云閩本同監毛本釋曰下有在此
者三字按萍氏下當亦脫至八
人三字

亦天問之文按亦當誤衍

主夜覺者 賈疏本同漢讀考作主覺夜者云賈公彥本誤作夜覺○按此覺讀如覺後知覺後覺之覺

司烜氏 唐石經諸本同釋文司烜音毀注燬同漢讀考作司燬氏詁注烜火也鄭司農云當爲烜二烜字皆當作燬

故書燬爲垣 諸本同釋文爲垣劉音袁按垣當烜字之誤經注烜字皆從故書轉改也蓋陸所據本已誤

條狼氏下士六人胥六人徒六十人 沈彤云六並當作八其職曰王出入則八人夾道公則六人此下士屬王當八人下士之夾道者八則隨而條狼之胥亦當八胥爲什長胥八則徒當八十也○按沈彤以此等證其祿田相符之數不當篤信也

冥讀爲冥氏春秋之冥 諸本同漢書蕭該音義引作讀如此擬其音非改其義釋文所云冥如字是也至後鄭讀爲冥方之冥劉音莫歷反與幂同始易其字義矣此作讀爲誤也疏云後鄭亦取音同以緬縻

取禽獸冥然使不覺此說非

驅除毒蠱之言葉鈔釋文作毒蟲本職同

翨讀爲翅翼之翅大字本岳本嘉靖本同閩監毛本翅誤翅疏同釋文云翨氏音翅

云翨鳥翮也者羽本曰翮惠挍本同此本及閩本者字羽字合爲翥今寫正監毛本於翥上更增者字誤甚

故彼從之也惠挍本彼作破此誤

必先挍剝之宋本岳本嘉靖本同大字本錢鈔本閩監毛本作刊剝按釋文本作挍剝賈疏本作刊剝○按疏誤

柞讀爲音聲唶唶之唶漢讀考作讀如云今本作讀爲誤除木曰柞又見毛詩不當易爲唶笮二字

薙氏唐石經諸本同釋文薙氏李或作雉同漢讀考經注薙皆作雉謂淺人加艸於雉爲薙猶稍人加艸於夷爲荑也此雉或作夷爲同音同字

鄭司農云掌殺草漢讀考云下有夷氏二字云今本脫云

芟夷蘊崇之嘉靖本惠挍本蘊作薀釋文出薀崇二字此作蘊非

又今俗間謂麥下爲夷下惠挍本無今按賈疏云先鄭引古今爲證當本有今字

此皆剪草也閩監毛本同誤也大字本錢鈔本嘉靖本剪作翦當據正

謂燒所芟草大字本錢鈔本閩監毛本同岳本嘉靖本作非謂燒所芟草多一非字係誤衍詳漢讀攷

親人善鄰閩本同監毛本人作仁

從石折聲漢讀攷云折當作析析聲適聲同在古音十六部折聲在十五部晢爲擿之古字則知必析聲也釋文晢他歷反李又思亦反此從析又云徐丈列反沈勑徹反此從折說文曰晢上擿山巖空青珊瑚墮之從石

折聲周禮有硩蔟氏許以摘訓硩取其同音篆文必作𪿕析聲今本作硩折聲亦謬

赤犮氏 閩監本同毛本犮作叐嘉靖本作友皆訛唐石經大字本錢鈔本作犮當據正注中同說文魃旱鬼也从鬼犮聲周禮有赤魃氏除牆屋之物也詩曰旱魃爲虐按鄭注此云赤犮猶捇拔也主除蟲豸與許云除牆屋之物義同引周禮作赤魃者當是古文假借字許所據壁中故書作魃其義則爲除牆屋物而非旱鬼也詩旱魃爲虐其義爲旱鬼故復引詩證之

掌除牆屋 惠挍本同閩監毛本牆改墻

蟈讀爲蜮蜮蝦蟇也 諸本同按此當作蜮讀爲蟈蟈蝦蟇也故下引月令螻蟈鳴證之古文經當本作蜮氏司農讀爲蟈蓋蜮古文蟈今文故夏小正周官作蜮月令呂覽作蟈釋文蟈氏古獲反劉音或劉昌宗本經當作蜮氏○按此當依漢讀攷

含沙射人入皮肉中 閩本同監毛本人入字誤倒

徧身中濩濩蜮蜮故曰灾浦鏜云或或誤蜮蜮爲誤曰從左傳疏挍

書亦或爲濁監本濁誤獨漢讀考作書亦或爲豕云今本作濁誤

銜枚氏大字本閩監毛本同唐石經錢鈔本嘉靖本銜作銜注同

枚狀如箸橫銜之爲之繣結於項大字本繣上無之此衍詩東山釋文引此注云枚如箸橫銜之於口爲繣絜於項中繣上亦無之枚下并無狀今本皆衍結作絜古字也當據以訂正漢讀考云顏氏漢書注引作繣絜於項云繣者結礙也絜繞也爲結紐而繞項也賸於賈本賈說

小行人下大夫四人唐石經大字本岳本嘉靖本同皆跳行另節下司儀行夫同此本及閩監毛本自大行人至行夫并爲一節非下家士亦如之同

合摠名曰象者閩監本同誤也大字本岳本錢鈔本嘉靖本毛本合作今當據正

掌客徒三十人閩本同誤也大字本以下皆作二十八人唐石經作廿八人

訝讀爲跛者訝跛者之訝　賈疏釋此注云時晉使郤克聘齊郤克跛齊使跛者往御御亦訝也故讀從之按賈氏所據公羊傳訝作御

以其都司馬使王自爲之　閩本同監毛本自改臣

大司寇

王耗荒　大字本同按耗當作秏蓋經音辨禾部引書王秏荒鄭康成讀蓋賈氏所據北宋本釋文作秏荒也今釋文作旄荒錢鈔本岳本同嘉靖本閩監毛本改耄荒非

謂周穆王老　閩本同監毛本老上增年

爲其民未習於教　釋文出爲民二字則陸本無其

使民相拱勅之法　浦鏜云共誤拱

命將命也　葉鈔釋文作將介

咎由九德者也 閩本同誤也惠挍本作咎繇當據正監毛本作咎由誤甚

有似罷弊之人也 閩本同監毛本人作民

以其不故犯法 諸本同閩本不改無誤也疏云此罷民本無故心直是過誤浦挍作無故犯法以不字爲誤大誤○按故犯法猶今言謀殺故殺也

此入五刑者爲輕 閩本同誤也當從監毛本此作比

是入圜土者也 閩本同監毛本是改乃

其百个與 閩監本个改箇非疏同釋文出百个二字

質人云大市以質 閩本同監毛本上質誤貨人誤又市誤事

故見之耳 閩監毛本耳改爾

易志冷剛閒 閩本同監毛本冷誤從水

故以邦成弊之　惠挍本故作還此誤

文於庫門而東入廟門　閩本同監毛本庫門下衍內

謂將祭之辰　浦鏜云晨誤辰

明者絜也王入明絜　閩本同監毛本絜改潔下同浦鏜云主誤王

明以先后世子爲政　閩本同監毛本政作正

使其屬蹕　唐石經諸本同釋文作趕云本亦作蹕○按說文走部曰趕止行也从走爲正字从足爲或體

而蹕于王官　監本同誤也閩毛本作王宮當據正

周禮注疏卷三十四挍勘記終

南昌袁泰開挍

傳古樓景印